SPRACHEN SCHNELLER LERNEN:

ANGELEHNT AN BIRKENBIHL UND ANDERE METHODEN

RUDOLF GRAFE

SPRACHEN SCHNELLER LERNEN:

Autor: Rudolf Grafe

RUGRA Marketing LLC
3564 Avalon Park E Blvd Ste 1
Unit #A818, 32828 Orlando info@rudolfgrafe.com

INHALTSVERZEICHNIS

KAPITEL 1: EINLEITUNG

Wusstest du, dass auf der Welt mehr als 7.000 Sprachen gesprochen werden? Die meisten davon, nämlich etwa 2.300, in Asien, gefolgt von Afrika mit etwas mehr als 2.100 Sprachen. Darunter sind viele, die lediglich von lokaler Bedeutung sind und nur von ein paar tausend oder gar hundert Menschen als Muttersprache verwendet werden. Andere Sprachen sind dagegen auf der ganzen Welt verbreitet und werden von Millionen oder gar Milliarden Menschen gesprochen.

Zu den am häufigsten gesprochenen Sprachen gehören:

1. **Englisch:** insgesamt 1,132 Milliarden Sprecher (Muttersprachler 379 Millionen, Nicht-Muttersprachler 753 Millionen). Die hohe Zahl der Englisch-Sprecher erklärt sich daraus, dass Englisch in Wirtschaft, Wissenschaft und Technik als Universalsprache genutzt wird, ähnlich wie Latein in der Antike.

2. **Mandarin:** insgesamt 1,177 Milliarden Sprecher, davon 918 Millionen Muttersprachler und 199 Millionen Nicht-

Muttersprachler. Die hohe Zahl der Mandarin-Sprecher erklärt sich aus der großen Bevölkerungszahl Chinas.

3. **Hindi:** insgesamt 615 Millionen Sprecher (Muttersprachler 341 Millionen, Nicht-Muttersprachler 274 Millionen). Sehr viele Menschen sprechen Hindi als Muttersprache, weil Indien das zweitbevölkerungsreichste Land der Welt ist. Hindi ist eine der 22 indischen Amtssprachen. Darüber hinaus werden im Land mehr als 1.600 Sprachen gesprochen. Das veranlasst viele Menschen, Hindi als Zweitsprache zur Verständigung zu nutzen.

4. **Spanisch:** insgesamt 534 Millionen Sprecher (Muttersprachler 460 Millionen, Nicht-Muttersprachler 74 Millionen). Gemessen an der Zahl der Muttersprachler ist Spanisch die am zweithäufigsten gesprochene Sprache der Welt. Im Internet wird Spanisch am dritthäufigsten verwendet. Interessanterweise ist Spanisch in den USA nach Englisch die häufigste Sprache.

Die 4 am häufigsten gesprochenen Sprachen werden von ca. 3,5 Milliarden Menschen gesprochen. Das ist fast die Hälfte der Weltbevölkerung.

Wie sieht es mit Deutsch aus?

Die deutsche Sprache ist weiter verbreitet, als viele von uns denken. Sie wird von insgesamt 130 Millionen Menschen als Mutter- oder Zweitsprache verwendet. In der EU ist Deutsch die am meisten gesprochene Muttersprache und Amtssprache in 7 Ländern. Darüber hinaus leben deutsche Minderheiten in 42 Ländern. Überraschend hoch ist die Zahl von 289 Millionen Menschen, die irgendwann einmal Deutsch als Fremdsprache lernten. Viele Sprachen übernahmen deutsche Lehnwörter. Das deutsche Wort Schule heißt auf Swahili Shule und das Wort Kindergarten wird auch im Englischen verwendet. Die weite Verbreitung der deutschen Sprache ist sowohl auf die hohe Zahl deutscher Emigranten als auch auf die große ökonomische Bedeutung Deutschlands zurückzuführen.

Wenn du im Ausland unterwegs bist, solltest du zurückhaltend mit lauten, abfälligen Bemerkungen oder gar Beleidigungen sein. Es ist gut möglich, dass du verstanden wirst und negative Reaktionen auslöst.

Warum ist es so wichtig, Sprachen zu lernen?

Weil die Sprache eines der wichtigsten Merkmale ist, das den Menschen vom Tier unterscheidet. Sie ermöglicht uns, miteinander zu kommunizieren und uns selbst über sehr komplexe oder abstrakte Sachverhalte auszutauschen. Viele Tiere kommunizieren zwar auch miteinander, aber auf einem wesentlich einfacheren Niveau. Sie können anderen zum Beispiel mitteilen, wenn eine Gefahr droht oder wo es Nahrung oder einen Unterschlupf gibt, viel mehr aber auch nicht. Einige Tierarten, darunter insbesondere Menschenaffen und Hunde, sind sogar in der Lage, einzelne Wörter zu lernen. Sie können beispielsweise das Wort "Auto" mit dem Fahrzeug in Verbindung setzen. Kein Tier ist jedoch fähig, aus einzelnen Wörtern Sätze zu bilden, die bestimmten Regeln folgen und logische Zusammenhänge ausdrücken.

Diese Fähigkeit ist allein den Menschen vorbehalten. Mit der Sprache können wir unsere Gedanken und Gefühle anderen Menschen mitteilen und umgekehrt die der anderen verstehen. Das ist essentiell, um sich in der Umgebung zurechtzufinden und sich in die Gesellschaft zu integrieren. Jede moderne Gesellschaft ist so komplex, dass es fast unmöglich ist, vollkommen allein zu existieren. Wir sind im Alltag auf unsere Mitmenschen angewiesen, müssen zum Beispiel Behördengänge erledigen, wenn wir krank werden, medizinische Hilfe in Anspruch nehmen, einkaufen gehen und uns von einem Ort zum anderen bewegen. Da es den meisten Menschen allein langweilig wird, suchen sie die Gesellschaft anderer Menschen oder zumindest Unterhaltung durch verschiedene Medien, vom Buch und der Tageszeitung über Radio und TV bis hin zu sozialen Netzwerken im Internet.

Dafür ist die Sprache notwendig. Sie bildet die Basis des modernen Lebens. Ohne ausreichende Sprachkenntnisse kannst du nicht richtig daran teilhaben. Solange du dich in der Welt deiner Muttersprache bewegst, ist alles in Ordnung. Das ändert sich jedoch schlagartig, wenn du in einen anderen Sprachraum wechselst. Einige Menschen sagten, dass sie sich plötzlich wie jemand mit einer Behinderung fühlten, hilflos und den Umständen ausgeliefert. Viele Auswanderer machen diese Erfahrung. Sie sind auf die Hilfe von Landsleuten oder elektronischen Übersetzern angewiesen oder klammern sich an ihre Englischkenntnisse. Das sind jedoch nur Not- oder Übergangslösungen. Wenn du im Ausland einen erfolgreichen Neustart machen willst, kommst du nicht darum herum, zumindest die jeweilige Amtssprache, eventuell sogar auch noch die im Alltag am meisten verwendete Sprache, zu lernen. Während das Erlernen einer Fremdsprache einigen Menschen relativ leicht fällt, tun sich andere damit schwer. Es gibt Menschen mit einer natürlichen Sprachbegabung, die eine neue Sprache sozusagen nebenbei lernen. Andere leben bereits seit Jahren in einem fremden Land und können sich gerade einmal mit Mühe und Not auf einfachste Weise verständigen. Dahinter stecken oft Fehler, die unbewusst oder auch bewusst gemacht werden. Bevor wir uns mit einigen Methoden zum Erlernen einer Sprache, darunter zum Beispiel der Vera-Birkenbihl-Methode, beschäftigen, wollen wir die häufigsten Fehler etwas näher beleuchten.

KAPITEL 2:
DIE HÄUFIGSTEN FEHLER BEIM SPRACHENLERNEN

Wenn du Probleme hast, eine Fremdsprache zu lernen, liegt das nicht selten gar nicht daran, dass die neue Sprache zu kompliziert ist (obwohl es einem Deutschen natürlich schwerer fällt, Mandarin zu lernen als Englisch), sondern oft genug machst du dir durch bestimmte Fehler das Lernen schwer und bremst den Lernprozess. Im Prinzip kann jeder Mensch jede Sprache der Welt lernen.

Kleinkinder haben mit dem Sprachenlernen überhaupt keine Probleme. Ihr Gehirn ist wie ein leerer Speicher, der eifrig Informationen aus der Umgebung aufnimmt. Die Kinder ahmen instinktiv Laute nach, die sie aus ihrer Umgebung hören. Dabei gibt es keine physischen Beschränkungen. Sie können sogar die für Europäer komplizierten Schnalz- und Klicklaute mancher afrikanischen Sprachen (Xhosa) nachahmen. Dass beispielsweise Japaner den Laut R oder Franzosen das H nicht aussprechen können, ist eine kulturelle Eigenart, die Kleinkinder von ihrer Umgebung lernen. Das kann ein Hindernis beim

Erlernen einer Fremdsprache sein, ist aber kein "echter" Fehler. Zu den häufigsten Fehlern beim Sprachenlernen gehören:

Perfektionismus

Viele Deutsche haben eine Neigung zum Perfektionismus. Sie wollen in allen Dingen die Besten und Größten sein. Diese Einstellung zeigt sich auch beim Erlernen einer Fremdsprache. Zu den schlimmsten Fehlern, den du beim Sprachenlernen machen kannst, gehört der Wunsch, die neue Sprache perfekt zu sprechen. Du hast Angst davor, Fehler zu machen, weil du glaubst, sie würden als persönliche Schwäche angesehen oder du würdest als dumm und ungebildet gelten oder ausgelacht und verspottet werden. Diese Einstellung kann zu Angstzuständen und Beklemmungen führen. Um neue Informationen aufnehmen zu können, muss das Gehirn aber entspannt sein.

Die Angst davor, Fehler zu machen, gehört zu den größten Hindernissen beim Erlernen einer Sprache. Lass dich davon nicht unterkriegen, sondern plappere einfach drauflos, unbeschwert wie ein Kind. Fehler gehören zum Leben. Selbst Muttersprachler machen Fehler beim Sprechen und Schreiben. Überwinde diese Angst und du wirst die Sprache viel schneller und mit weniger Stress lernen.

Ein gutes Beispiel ist der Genuss von Alkohol. Es heißt immer, dass ein Glas Wein oder Bier oder ein Schnaps die Zunge lockern. Das stimmt auch, weil der Alkohol Hemmungen vorübergehend unterdrückt. Mit einem kleinen Schwips redet man einfach drauflos und es ist einem egal, ob man Fehler macht oder nicht. Das Ergebnis zeigt sich daran, dass man sich in der fremden Sprache auf einmal viel besser unterhalten kann.

> *Das heißt aber nicht, dass du besser lernst, wenn du Alkohol getrunken hast! Alkohol ist schädlich für das Gehirn.*

Keine ausreichende Motivation

Wenn du eine Sprache schnell und erfolgreich lernen willst, musst du ein möglichst großes Interesse daran haben. Das geschieht am besten, indem dir das Erlernen der Fremdsprache einen persönlichen Nutzen bringt. Zu den stärksten Motiven für das Sprachenlernen gehören:

> - längerer oder ständiger Aufenthalt in einem anderen Sprachraum
> - Kennenlernen eines Partners, der eine andere Sprache spricht
> - berufliche Kontakte zu Menschen, die eine andere Sprache sprechen
> - Studium oder Ausbildung im fremdsprachigen Ausland
> - Interesse an der fremden Sprache und Kultur

Ein Paradebeispiel für fehlende Motivation ist Fremdsprachenunterricht als Pflichtfach an den Schulen. Er ist kaum erfolgreich. Den Lehrern fehlen häufig Fachkenntnisse und die Schüler haben kein Interesse. Sie pauken Vokabeln und Grammatikregeln, weil sie es müssen. Sobald die Prüfungen vorbei sind, wird alles wieder vergessen. Verschlägt es sie später im Leben ins Ausland, stellen sie erschreckt fest, dass ihr Schulenglisch oder Schulfranzösisch für eine Verständigung nicht ausreicht.

Die Sprache nicht anwenden

Dieser Fehler hängt eng mit dem Hang zum Perfektionismus zusammen. Viele Lernende trauen sich nicht zu sprechen. Sie sind der Meinung, dass sie erst warten müssen, bis sie genügend Vokabeln gepaukt und Grammatikregeln gelernt haben, um komplexe Sätze bilden zu können. Das ist falsch! Wenn du eine Sprache lernst, kannst du gar nicht früh genug mit dem Sprechen anfangen. Je eher du sprichst, desto schneller lernst du die Sprache.

Kleine Kinder lernen die Sprache auf diese Weise. Sie beginnen, indem sie einfachste Sätze bilden, und zum Beispiel "Mama, Hunger!" sagen. Natürlich ist das kein korrekter Satz, er erfüllt aber seinen Zweck, weil das Kind seiner Mutter mitteilen kann, was es möchte. Nimm dir ein Beispiel an kleinen Kindern und übe das Sprechen so zeitig wie möglich. Selbst wenn du anfangs nur ein paar Dutzend Wörter beherrscht, genügt das bereits, um einfache Sätze zu bilden. Übe regelmäßig, am besten mit einem Muttersprachler oder zumindest mit einer Person, die fließend sprechen kann.

Dank des Internets ist es relativ einfach, einen Sprachpartner, auch Sprachtandem genannt, zu finden. Das ist jemand, der die Sprache, die du lernen willst, als Muttersprache spricht und der Deutsch lernen will. Ihr beide tut euch zusammen und bildet ein Tandem. Die Hälfte der Zeit lernt ihr beispielsweise Spanisch, die andere Hälfte Deutsch. Beide Partner sind zugleich Schüler und Lehrer.

Nicht genug hören und lesen

Zum Beherrschen einer Sprache gehören aktive und passive Methoden. Aktive Methoden sind Sprechen und Schreiben. Sie allein genügen aber nicht, um eine Sprache zu beherrschen. Du musst auch verstehen können, was ein Muttersprachler sagt. Dabei wirst du mit der Tatsache konfrontiert, dass die meisten Menschen eine Art Dialekt sprechen und die Wörter anders aussprechen oder betonen, als du es im Sprachunterricht gelernt hast. Solche Abweichungen sind völlig normal und gehören zum Alltag.

Nutze verschiedene Audioquellen, um die Sprache zu hören, die du lernen willst. Eine gute Quelle sind Filme und Serien. Auf YouTube kannst du Filme und kurze Videos in vielen unterschiedlichen Sprachen ansehen. Wähle Filme oder Sendungen aus, die dich interessieren oder die dir gut gefallen. Zum Englischlernen ist es beispielsweise keine schlechte Idee, dir deinen Lieblings-Hollywood-Film im Original anzusehen. Das Internet bietet noch viele andere Möglichkeiten. Du kannst Radiosender vom anderen Ende der Welt hören oder Podcasts zu Themen, die dich interessieren.

Mit dem Lesen ist es ähnlich. Für Anfänger sind Cartoons sehr gut geeignet. Sie sind kurz, meistens witzig und die wenigen Wörter werden durch Bilder illustriert. Später kannst du zu Artikeln in Zeitungen oder Zeitschriften übergehen, die Themen behandeln, die dich interessieren. Beherrschst du die Sprache bereits einigermaßen, versuche, ein Buch zu lesen. Wähle ein Buch, dass du bereits auf Deutsch gut kennst. In den meisten großen Bibliotheken gibt es Fremdsprachenabteilungen, wo man Bücher in mehreren häufigen

Fremdsprachen, wie Englisch, Spanisch oder Französisch, ausleihen kann.

Immer nur dasselbe Lehrmaterial benutzen

Immer wieder passiert es, dass sich Sprachschüler an einen bestimmten Kurs oder ein Lehrbuch klammern. Sie nehmen den Stoff wieder und wieder durch und wundern sich, dass es mit dem Lernen nicht vorangeht. Sie brauchen sich nicht zu wundern, weil sie am langsamen Fortschritt selbst schuld sind. Immer wieder dasselbe zu hören und zu lesen, wird nach einer gewissen Zeit langweilig. Dazu kommt, dass jeder Kurs Kenntnisse auf einem bestimmten Niveau vermittelt. Wenn man sich mit demselben Lehrmaterial wieder und wieder beschäftigt, erreicht man früher oder später einen Punkt, an dem man den Lerninhalt praktisch auswendig kennt. Da keine neuen Informationen zur Verfügung stehen, gibt es auch keine Fortschritte.

Am besten ist es, mehrere Kurse zu kombinieren oder sich Quellen für Lehrmaterial von außerhalb des Kurses zu suchen (wie im Punkt Hören und Lesen beschrieben).

Keine Geduld haben

Fängt man an, eine neue Sprache zu lernen, ist am Anfang das Interesse hoch. Man freut sich über die Fortschritte und sieht beispielsweise der Reise oder dem ersten persönlichen Treffen mit dem ausländischen Partner entgegen. Bei den meisten Leuten stellt sich aber relativ schnell Ernüchterung ein. Sie hören einen fremdsprachigen Radiosender oder sehen sich einen fremdsprachigen

Film an und merken, dass sie kaum etwas verstehen, bestenfalls ab und zu ein Wort. Vor lauter Enttäuschung hören sie auf zu lernen. Dabei vergessen sie, dass es sich beim Erlernen einer Fremdsprache um einen langwierigen Prozess handelt, der nicht gleichmäßig verläuft. Mal lernt man schnell, mal langsamer. Es kann sogar Phasen mit Rückschritten geben (Wenn man neu gelernte Wörter wieder vergisst). Statt weiterzumachen, geben sie einfach auf. Sie unterschätzten die Zeit und Mühe, die mit dem Erlernen einer Fremdsprache verbunden ist.

Vokabeln und Grammatik pauken

Dieser Fehler wird häufig im Fremdsprachenunterricht in der Schule gemacht. Die Schüler werden dazu angehalten, Vokabeln und Grammatikregeln auswendig zu lernen. Die Wörter oder Regeln werden einzeln gepaukt und nicht im Zusammenhang gelernt. Dadurch lernen die Schüler ihre Anwendung in der Praxis nicht kennen. Ein gutes Beispiel ist das deutsche Wort Alter. Je nach dem Zusammenhang kann es ganz verschiedene Bedeutungen haben. Es kann das Gegenteil von Neuer bedeuten, das Geburtsalter, das Zeitalter, eine umgangssprachliche Bezeichnung für einen alten Mann oder in der Jugendsprache so viel wie ein Kumpel.

Bei der Grammatik ist es ähnlich. Da steht zum Beispiel im Lehrbuch, der Schüler solle das Plusquamperfekt eines Verbs bilden. Wer seine Schulzeit schon eine Weile hinter sich hat, weiß kaum noch, was ein Verb ist, geschweige denn, was mit Plusquamperfekt gemeint ist.

Die Eigenheiten der fremden Sprache nicht respektieren

Jede Sprache hat ihre eigenen Regeln. Das betrifft zum Beispiel den Satzbau, die Anrede, die Fälle und viele andere Dinge mehr. Nicht wenige Sprachschüler machen den Fehler und behandeln eine Fremdsprache, als ob es Deutsch wäre. Das führt immer wieder zu Missverständnissen und falschen Übersetzungen. Ein gutes Beispiel sind Sprichwörter und Redewendungen. Sie lassen sich in den meisten Fällen überhaupt nicht wörtlich übersetzen, weil die wörtliche Übersetzung keinen Sinn ergibt. Das deutsche Sprichwort Morgenstund hat Gold im Mund, lautet beispielsweise im Englischen: The early bird catches the worm. Wörtlich übersetzt heißt das: Der frühe Vogel fängt den Wurm. Das ergibt im Deutschen keinen Sinn.

Lernen unter Stress

Viele Lernende setzen sich selbst unter Druck. Sie wollen die fremde Sprache um jeden Preis und so schnell wie möglich lernen. Sie pauken stundenlang, stellen aber am Ende fest, dass sie die Zeit verschwenden. Vom Lernstoff bleibt kaum etwas hängen. Ganz anders sieht es aus, wenn man beim Lernen nicht unter Druck steht. Am besten lernst du, wenn du locker und entspannt bist und du dich für das Thema interessierst. Du solltest dich auch nicht zu lange mit dem Lernstoff beschäftigen, weil die Konzentration schnell nachlässt. Statt stundenlang zu pauken ist es besser, nur 15 oder 30 Minuten zu lernen, aber das regelmäßig und mit Spaß.

KAPITEL 3:
HAB MUT ZU FEHLERN!

Beim Erlernen einer neuen Sprache wirst du Fehler machen. Das ist ganz normal und gehört zum Lernprozess dazu. Nobody is perfect. Denke mal an die Zeit zurück, als du das Radfahren lerntest. Wie oft bist du da gestürzt oder hast dir blaue Flecke geholt? Trotzdem hast du nicht aufgegeben. Beim Sprachenlernen ist es ähnlich.

Im Grunde genommen ist es sogar gut, wenn du Fehler machst, weil du von ihnen lernst. In der Regel freuen sich die Einheimischen, wenn du versuchst, ihre Sprache zu sprechen. Sie haben Verständnis, wenn es am Anfang nicht so gut klappt. Nur wenige sind so schroff und ablehnend wie einige Sachbearbeiter bei den deutschen Ausländerbehörden, die erwarten, dass selbst Asylbewerber bereits gut Deutsch können.

Ganz im Gegenteil, in vielen Ländern Afrikas und Lateinamerikas wird dir das Sprachenlernen durch eine zu große Höflichkeit schwer gemacht. Aus Respekt und Tradition trauen sich die Einheimischen nicht, Ausländer zu korrigieren, wenn sie beim Sprechen grobe Fehler machen. Wenn dich niemand korrigiert, merkst du nicht, wenn du etwas falsch machst.

Du darfst zudem deine Ansprüche an dich selbst nicht zu hoch setzen. Denke daran, Sprache ist in erster Linie ein Mittel zur Verständigung. Selbst Muttersprachler haben Probleme mit ihrer Sprache. Wie viele Deutsche können nicht richtig Hochdeutsch sprechen oder schreiben kaum einen Satz ohne Fehler? Trotzdem können sie sich im Alltag mühelos verständigen. Eine perfekte Beherrschung der Sprache ist nur erforderlich, wenn du in bestimmten Berufen, wie als Sprecher beim Rundfunk oder Fernsehen, als Schauspieler, Journalist oder Schriftsteller tätig bist.

KAPITEL 4:
WIE AM BESTEN SPRACHEN LERNEN?

Wusstest du schon, dass im Grunde genommen gar nicht so viel dazu gehört, um eine neue Sprache zu lernen? Sprachwissenschaftler haben nachgewiesen, dass bereits ein Wortschatz von 2.000 Wörtern und die wichtigsten Grammatikregeln ausreichen, um sich im Alltag in einer Fremdsprache gut auszudrücken. Wer einen Wortschatz von 5.000 Wörtern beherrscht, hat bereits das höchste Niveau der linguistischen Kompetenz erreicht. Auf den ersten Blick erscheinen die Anforderungen nicht besonders hoch. Würde man jeden Tag nur 5 neue Wörter lernen, hätte man nach einem Jahr einen Grundwortschatz zur Verfügung, der ausreichen würde, um sich zu verständigen.

Trotzdem scheitern viele Menschen beim Erlernen einer Sprache und geben früher oder später auf. Das liegt vor allem an den klassischen Methoden, die bis heute im Fremdsprachenunterricht an den Schulen praktiziert werden. Die bestehen in der Hauptsache im Lesen einfacher Texte und dem Pauken von Grammatikregeln. Die Schüler sind der Fremdsprache zu wenig ausgesetzt und üben kaum das

Hören und Verstehen. Mittlerweile haben Sprachwissenschaftler verschiedene Methoden zum Sprachenlernen entwickelt. Dazu kommen immer mehr interaktive Angebote im Internet, zum Beispiel Online-Sprachkurse und Sprachlern-Apps. Mit einigen von ihnen werden wir uns in den folgenden Abschnitten näher beschäftigen.

Eine Sache solltest du aber zum Thema wissen: Die perfekte Lernmethode gibt es nicht. Jede Methode hat ihre Vor- und Nachteile. Welche sich am besten für einen bestimmten Schüler eignet, hängt von vielen Faktoren ab. Manche Menschen lernen am besten durch Hören, andere durch Sehen. Scheue nicht davor zurück, mehrere Lernmethoden auszuprobieren, bis du die für dich optimale gefunden hast. Unter Umständen ist eine Kombination mehrerer Methoden die beste Wahl.

KAPITEL 5

DIE LERNMETHODE NACH VERA BIRKENBIHL

Zu den am meisten diskutierten Methoden zum Erlernen einer fremden Sprache gehört die Vera-Birkenbihl-Methode. Einige Menschen schwören auf die Lernmethode, andere halten sie für gänzlich ungeeignet. Der Grund für diese unterschiedlichen Ansichten liegt nicht daran, dass die Birkenbihl-Methode gut oder schlecht ist, sondern dass sie sich für einige Menschen besser als für andere eignet. Unbestrittene Tatsache ist jedenfalls, dass mit der Birkenbihl-Methode bereits tausende von Schülern eine Fremdsprache gelernt haben. Darunter sind nicht nur "einfache" Sprachen wie Englisch und Spanisch, sondern auch Mandarin, Hindi und Arabisch, die mit den indoeuropäischen Sprachen nur wenige Gemeinsamkeiten haben.

Wer war Vera Felicitas Birkenbihl?

Die Tochter des Unternehmensberaters und Personal Trainers Michael Birkenbihl wurde 1946 in München geboren. Ihre Kindheit verlief nicht ohne Konflikte, sodass sie vorzeitig das Gymnasium abbrach, ihr Elternhaus verließ und in die USA auswanderte. Später begann sie ein Studium in den Fachrichtungen Journalismus und Psychologie. Wahrscheinlich auf die Einflüsse ihres Vaters zurückgehend, begann sie ab 1969 in den USA erste eigene Lerntechniken zu entwickeln, deren Ziel darin bestand, das Lernen effektiver zu gestalten. Sie hielt zahlreiche Vorträge und veranstaltete Seminare zum Thema.

Im Jahr 1972 kehrte Vera Birkenbihl nach Deutschland zurück und lebte in ihrem Elternhaus unweit von Dachau. International bekannt wurde Frau Birkenbihl durch eine von ihr selbst entwickelte Methode des Sprachenlernens, die seit den achtziger Jahren des vergangenen Jahrhunderts als Birkenbihl-Methode bekannt wurde. Ihr Wirken beschäftigte sich hauptsächlich mit den Themen:

> gehirngerechtes Lernen und Lehren

> analytisches und kreatives Denken

> Persönlichkeitsentwicklung

> Numerologie (Zahlensymbolik)

> pragmatische Esoterik

> gehirnspezifische Unterschiede zwischen den Geschlechtern

> Zukunftstauglichkeit

Frau Birkenbihl gründete ihren eigenen Verlag zur Publikation ihrer Werke und im Jahr 1973 das Institut für gehirngerechtes Arbeiten. Als Autorin und Publizistin war Vera Birkenbihl sehr erfolgreich. Bis zum Jahr 2000 konnte sie mehr als 2 Millionen Exemplare ihrer Bücher verkaufen. Selbst heute, mehr als ein Jahrzehnt nach ihrem Tod, sind ihre Bücher noch immer gefragt. Die jährlichen Verkaufszahlen bewegen sich im vierstelligen Bereich. In ihren Werken und öffentlichen Auftritten beschäftigte sie sich hauptsächlich damit, wie man spielerisch Wissen vermittelt. Vera Birkenbihl trat mehrmals im Radio und im Fernsehen auf. Sie verfasste zahlreiche Artikel für verschiedene Zeitungen und Zeitschriften, darunter die Frankfurter Allgemeine Zeitung.

Vera Birkenbihl wurde nur 65 Jahre alt. Im Frühjahr 2011 wurde bei ihr Speiseröhrenkrebs diagnostiziert. Sie starb im Dezember desselben Jahres und wurde in der Nähe ihres Wohnorts Osterholz-Scharmbeck (Niedersachsen) beigesetzt.

Seit dem Ende der neunziger Jahre wurden die von Vera Birkenbihl entwickelten Lernmethoden als gehirn-gerechtes Lernen vermarktet. Die Birkenbihl behauptete, wer nach ihrer Methode eine Fremdsprache lerne, müsse keine Vokabeln pauken. Sie war der Überzeugung, dass die von ihr entwickelte Methode dem Erlernen der Muttersprache durch ein Kleinkind ähneln würde.

Die Birkenbihl-Methode ist in 4 Schritte untergliedert:

1. Dekodierung
2. Aktives Hören
3. Passives Hören
4. Sprechen-Lesen-Schreiben

Die Bezeichnung Gehirn-gerecht für Vera Birkenbihls Lernmethoden ist eine angepasste Übersetzung des englischen Begriffs brain-friendly. Damit meinte die Birkenbihl, dass sich die Lernmethode dem Lernenden anpassen müsse, nicht umgekehrt. Das Auswendiglernen von Vokabeln oder Texten lehnt die Birkenbihl-Methode ab, da es nicht zu einem echten Verständnis der Sprache führt. Es eignet sich bestenfalls als Vorbereitung auf eine anstehende Prüfung. Tests von Sprachwissenschaftlern zeigten, dass "eingepaukte" Wörter und Regeln zu maximal 20 % langfristig im Gedächtnis verbleiben und später abrufbar sind. Die mit den klassischen Pauk-Methoden verbrachte Lernzeit ist zum größten Teil verschwendet.

Die Birkenbihl-Methode setzt sich aus 2 Hauptbestandteilen zusammen:

1. **Die Fremdsprache verstehen (Dekodierung + aktives Hören)**
2. **Die Fremdsprache sprechen (passives Hören + verschiedene Aktivitäten)**

Das Sprachverständnis wird erreicht, indem der Lernende einen Schritt nach dem anderen ausführt. Das beginnt mit der Dekodierung, wird mit dem aktiven Hören fortgesetzt und führt zum passiven Hören (dem Anhören von Texten in der fremden Sprache) bis zum Anwenden der Sprache im Alltag.

Dekodierung einer Fremdsprache

Dekodierung heißt Entschlüsselung. Genau darum geht es in diesem 1. Schritt der Birkenbihl-Methode. Du sollst die Wörter einer Fremdsprache verstehen, ohne zuvor Vokabeln zu lernen. Das geht folgendermaßen:

Du suchst dir einen kurzen Text in der Fremdsprache deiner Wahl und schreibst ihn auf ein Blatt Papier. Es ist ideal, wenn es sich um einen Text zu einem möglichst einfachen Thema handelt, das du verstehst oder das dich interessiert. Du könntest den Text ganz einfach kopieren und ausdrucken, erfahrungsgemäß ist es aber besser, wenn du ihn mit der Hand auf ein Blatt liniertes Papier schreibst. Durch das manuelle Schreiben prägen sich nicht nur die Wörter besser ein als durch bloßes Kopieren, du übst gleichzeitig auch das Schreiben, eine Fähigkeit, die zum Beherrschen einer Fremdsprache dazugehört.

Schreibe den Text interlinear auf und halte die Abstände zwischen den Wörtern weiter als üblich. Interlinear bedeutet, dass du zwischen jeder Textzeile eine Leerzeile lässt. In die Leerzeile fügst du die deutsche Übersetzung des darüber stehenden Wortes ein. Um das Ganze übersichtlicher zu machen, kannst du für die Schrift unterschiedliche Farben verwenden: Fremdsprache in Rot, Deutsch in Blau (oder Farben deiner Wahl)

Die Dekodierung führst du durch, indem du jedes Wort einzeln übersetzt, so wie es im Text vorkommt. Du sollst mit Absicht nicht darauf achten, ob die deutsche Übersetzung einen Sinn ergibt oder nicht. Bei diesem Lernschritt kommt es darauf an, den fremdsprachigen Text zu verstehen, nicht eine möglichst exakte deutsche Übersetzung anzufertigen.

Dabei wird es häufig vorkommen, dass der deutsche Text keinen Sinn ergibt oder sich zumindest eigenartig liest. Das ist gar nicht schlimm, ganz im Gegenteil. Es zeugt davon, dass die Dekodierung funktioniert. Die Satzstruktur und die Ausdrucksweise vermitteln dir eine Vorstellung vom Aufbau der Sprache, ohne dass du irgendwelche Regeln auswendig lernen musst.

Natürlich klappt das Übersetzen nicht ohne Hilfsmittel. Bei der Dekodierung sind alle Hilfsmittel erlaubt. Du kannst klassische Wörterbücher, Online-Wörterbücher oder Übersetzungs-Apps verwenden. Wichtig ist nur die wortwörtliche Übersetzung der Wörter und die Nichtbeachtung des deutschen Satzes, der am Ende herauskommt. Durch das Nachschlagen der einzelnen Wörter lernst du die Vokabeln sozusagen ganz nebenbei, ohne dass du es bewusst mitbekommst. Du baust dir praktisch spielerisch einen Grundwortschatz in der neuen Sprache auf.

Beim Dekodieren ist es von Vorteil, wenn du gemeinsam mit einer anderen Person lernen kannst. Ihr unterstützt euch gegenseitig, da es erfahrungsgemäß sehr unwahrscheinlich ist, dass zwei Personen denselben Wissensstand haben. Falls ein Muttersprachler Unterstützung geben kann, wäre das super.

Aktives Hören

Dieser Schritt erfordert große Konzentration. Deshalb solltest du ihn allein durchführen. Versuche, dich von allen äußeren Einflüssen so gut wie möglich abzuschirmen. Das bedeutet, Fernseher und Radio auszuschalten und das Smartphone in den Flugmodus zu setzen. Wenn mehrere Personen in deinem Haushalt leben, wähle zum Lernen einen Zeitpunkt, wenn du allein bist oder gehe an einen Ort, an dem du ungestört bist.

Beim aktiven Hören geht es darum, den Klang der Worte ihrer Bedeutung in der deutschen Sprache zuzuordnen. Dazu verwendest du denselben Text, den du bereits beim Dekodieren benutzt hast. Du musst ihn aber erst in eine Audiodatei umwandeln.

Dazu dient ein sogenannter <u>Text-to-Speech-Konverter</u>. Das sind verschiedene kostenlose Programme, die einen eingetippten Text vorlesen und dabei gleichzeitig in eine Audiodatei umwandeln. Je nach Programm stehen mehrere Sprecherstimmen zur Auswahl. Die Länge der Texte reicht von 300 Wörtern bis zu 50.000 Zeichen. Das sind mehr als 1.000 Wörter. Die Programme funktionieren auch mit Fremdsprachen. Sie sind sowohl für PCs als auch als Apps für das Smartphone erhältlich.

Die meisten User werden aus praktischen Gründen wahrscheinlich ihr Smartphone bevorzugen, weil sie das überall mitnehmen können. Zum Anhören der Audiodatei verwendest du am besten Kopfhörer, die das Ohr komplett umschließen. Dadurch werden äußere Störgeräusche fast vollständig abgeschirmt, sodass du dich besser konzentrieren kannst.

Zum Lernen benötigst du den dekodierten Text. Es kommt aber nur auf die deutsche Übersetzung der Wörter an, um dich nicht abzulenken. Eventuell kannst du eine Kopie des dekodierten Textes anfertigen und den fremdsprachigen Text schwärzen oder abdecken, sodass nur die deutschen Wörter zu sehen sind. Wenn die Vorarbeiten erledigt sind, hörst du dir den Text in der Fremdsprache an und liest dabei den deutschen Text mit. Da du den Ausgangstext wortwörtlich dekodiert hast, entspricht jedes in der Fremdsprache gesprochene Wort einem auf Deutsch geschriebenen.

Auf diese Art und Weise stellst du eine Verbindung zwischen dem Klang des Wortes in der Fremdsprache und dem entsprechenden deutschen Wort her. Wenn es sich um ein konkretes Wort handelt, hilft es, wenn du deine Fantasie spielen lässt und dir das entsprechende Objekt oder die Tätigkeit in Gedanken vorstellst. Beispielsweise bedeutet das spanische Wort "coche" auf Deutsch Auto. Wenn du das Wort "coche" hörst, stellst du dir einen roten Sportwagen vor. Mit Verben und Adjektiven funktioniert es ähnlich.

Dadurch läuft vor deinem inneren Auge so etwas Ähnliches wie ein Film ab. Du verbindest den Klang eines Wortes mit einem Gegenstand oder einer Tätigkeit. Du musst dir nicht die gesamte Audiodatei auf einmal anhören, sondern kannst nach jedem Satz eine Pause machen. Am Anfang wirst du vielleicht Probleme haben, den Text zu verstehen. Mit der Zeit geht es aber immer schneller und besser. Dass du den vorgelesenen Text verstehst, merkst du daran, dass du die Vorlage mit der deutschen Übersetzung gar nicht mehr benötigst.

Für das aktive Hören sind Geduld und Ruhe erforderlich. Du musst dich sehr konzentrieren. Das ist anstrengend und das Lernen läuft nur langsam. Berücksichtige diesen Fakt und plane genügend Zeit ein. Bis ein Text richtig sitzt, musst du ihn mehrmals hören. Beherzige beim aktiven Hören auch die weiter oben aufgeführten Fehler beim Lernen. Zwinge dich nicht dazu, ein bestimmtes Pensum zu lernen. Wenn du zu müde wirst, hör einfach auf und mach weiter, wenn du wieder frisch bist.

Der Erfolg der Birkenbihl-Methode beruht auf dem Spaß am Lernen, nicht auf dem stumpfsinnigen Einbläuen von Wörtern und Regeln a lá Nürnberger Trichter. Im Vergleich zur Phase der Dekodierung verläuft der Lernfortschritt beim aktiven Hören nur langsam. Das ist völlig normal.

Passives Hören

Mit dieser Phase soll der Klang der Fremdsprache in deinem Unterbewusstsein verankert werden, sodass dein Gehirn sozusagen eine automatische Übersetzung vornimmt. Das erlebst du ständig in alltäglichen Situationen, wenn du von Menschen umgeben bist, die deine Muttersprache sprechen. Im vollen Bus, auf einer belebten Straße, auf dem Markt oder in einem gut besetzten Restaurant umschwirren dich Wortfetzen und Bruchstücke von Unterhaltungen von allen Seiten. Das kann mitunter peinlich oder sogar lästig werden. Du verstehst, was gesagt wird, ohne dich anzustrengen.

Anders dagegen bei einer Fremdsprache. Anstelle von Wörtern oder Bruchstücken von Sätzen dringt nur unverständliches Geplapper an deine Ohren. Das liegt daran, dass die Fremdsprache noch nicht im Unterbewusstsein verankert ist. Willst du verstehen, was gesagt wird, musst du dein Gehirn sozusagen in den Übersetzungsmodus schalten. Diese Situation kann ziemlich frustrierend sein. Wenn viele Menschen rund um dich herum gleichzeitig sprechen, führt das zu Verwirrung. Durch passives Hören kannst du das ändern und die Fremdsprache in deinem Unterbewusstsein verankern.

Dazu musst du dich der Fremdsprache so viel wie möglich aussetzen. Das nennt man Immersion, auf Deutsch eintauchen. Du musst dich praktisch so weit es möglich ist, mit der Fremdsprache umgeben. Auch hierbei ist dein Smartphone das beste Werkzeug, weil es handlich und mobil ist. Als Lernstoff eignen sich alle möglichen Audiodateien. Es gibt beispielsweise spezielle Birkenbihl-Sprachkurse, zu denen auch Audiodateien gehören. Selbstverständlich lassen sich auch eigene Audiodateien verwenden. Das können Podcasts oder

Radiosendungen oder auch Hörspiele auf YouTube sein. Das Internet bietet viele Möglichkeiten.

Damit das passive Hören funktioniert, solltest du aber nur Dateien verwenden, deren Inhalt du wirklich verstehst. Bei der Lösung des Problems hilft dir wieder die moderne Technik. Du kannst zum Beispiel eine Textdatei auswählen und sie mit einem Konverter in eine Audiodatei umwandeln. Umgekehrt lässt sich auch eine Audiodatei in Text umwandeln. Der Vorgang wird transkribieren genannt. Auch dafür gibt es Software. Du musst nicht die gesamte Audiodatei umwandeln. Es genügen die ersten paar Minuten, sodass du mitbekommst, worum es geht und ob die Datei für deine Zwecke geeignet ist.

Am besten funktioniert passives Hören, wenn du es in deinen Alltag integrierst. Für das Hören der Fremdsprache kannst du Gelegenheiten nutzen, bei denen du zwar arbeitest, dich aber nicht konzentrieren musst. Typische Tätigkeiten sind beispielsweise der Hausputz, Bügeln, Unkraut jäten oder Beete umgraben oder auch nur einfaches Spazierengehen. Verwende Kopfhörer, deren Muscheln die Ohren komplett bedecken. Das blendet Störgeräusche so weit wie möglich aus.

Aktivitäten

Den vierten und letzten Schritt ihrer Sprachlernmethode nannte Vera Birkenbihl schlicht und einfach Aktivitäten. Damit meinte sie die aktive Nutzung der Fremdsprache im Alltag in Form von Lesen, Schreiben, Hören und Sprechen. Das ist auch notwendig, um bestehende Fremdsprachenkenntnisse auf ihrem Niveau zu halten.

Leider ist die Kenntnis einer Fremdsprache nicht wie Radfahren. Wenn du das einmal gelernt hast, beherrschst du es für den Rest deines Lebens. Eine Fremdsprache musst du aber täglich üben, sonst vergisst du über kurz oder lang das Gelernte.

Wenn du in einer fremdsprachigen Umgebung lebst, sollte das in der Regel kein Problem sein, denn du tauchst Tag für Tag in die Sprache ein. Du siehst fern, hörst Radio und liest Zeitungen in der Fremdsprache, unterhältst dich mit den Nachbarn, gehst einkaufen und zum Arzt und erledigst Behördengänge. Durch diesen täglichen Kontakt vertiefen sich deine Fremdsprachenkenntnisse fast von allein. Du darfst aber nicht den Fehler machen, dich selbst zu isolieren. In manchen Ländern leben Deutsche in Siedlungen zusammen. Sie sehen fern und hören Radio via Satellit und geben sogar deutschsprachige Zeitungen heraus. So vorteilhaft diese Abgrenzung auf den ersten Blick auch erscheinen mag, führt sie letztendlich dazu, dass sie für immer in der neuen Heimat fremd bleiben und sich ohne Hilfe nicht zurechtfinden.

Lebst du in Deutschland, sieht die Situation anders aus. Hierzulande musst du die Immersion in die Fremdsprache bewusst suchen. Das ist zwar, abgesehen von Englisch, nicht so einfach wie im Ausland, aber besonders das Internet öffnet dir eine Vielzahl von Möglichkeiten. Warum nicht deinen Lieblingsfilm in einer Fremdsprache ansehen? Diese Methode ist besonders gut geeignet, weil du die Handlung bereits kennst. Mit etwas Glück wird der Film kostenlos auf YouTube angeboten. Besitzt du ihn auf DVD oder Blu-ray Disc, lässt sich im Menü die Sprache auswählen. In der Regel stehen zumindest Englisch, Spanisch und Französisch zur Auswahl. Streaming-Dienste wie Netflix oder Amazon Prime bieten ebenfalls fremdsprachige Filme und Serien an. Du kannst beispielsweise die neuesten US-Filme und Serien in der Originalversion anschauen, noch bevor sie in Deutschland in der synchronisierten Fassung erscheinen.

Das Anschauen von Filmen und Serien hat den zusätzlichen Vorteil, dass du praktisch nebenbei die korrekte Aussprache mitbekommst. Schauspieler und Schauspielerinnen müssen aus beruflichen Gründen klar und korrekt sprechen. Wenn du die Fremdsprache lernst, weil du an einen bestimmten Ort reisen möchtest, bieten sich noch viel mehr Möglichkeiten. Nehmen wir mal an, du planst, nach Buenos Aires zu gehen und lernst deshalb Spanisch. Ein Sprachkurs vermittelt dir die Grundlagen, ist aber mehr oder weniger trocken und abstrakt. Das Lernen macht viel mehr Spaß, wenn du dir auf YouTube Videos auf Spanisch über Buenos Aires anschaust. In virtuellen Stadtrundgängen und Stadtrundfahrten lernst du die Metropole schon vorher ein bisschen kennen. Du erfährst etwas über die Sehenswürdigkeiten, Geschichte und Kultur der Menschen. Sie berichten über ihren Alltag, über Sorgen, Probleme und was ihnen an ihrer Stadt gefällt. Viele nehmen dich mit auf eine virtuelle Einkaufstour oder zeigen dir, wie sie leben. Das ist um Längen interessanter als mit einem Lehrbuch Spanisch zu pauken. Gleichsam nebenbei erhältst du jede Menge nützliche Informationen, die den Neustart am Rio de la Plata erleichtern. Ein weiterer Vorteil ist der Fakt, dass du hörst, wie die Sprache lokal gesprochen wird. Bei Weltsprachen wie Englisch oder Spanisch gibt es große Unterschiede von Land zu Land.

Ähnlich gut funktioniert das auch mit der Schriftsprache. Heutzutage erscheinen fast alle Zeitungen und Zeitschriften nicht nur als Druckausgabe, sondern auch online. Um das obige Beispiel von Buenos Aires aufzugreifen, kannst du online argentinische

Tageszeitungen lesen, die natürlich auf Spanisch erscheinen. Beim Lesen lernst du die Sprache und informierst dich gleichzeitig über das Geschehen vor Ort. Dasselbe klappt auch gut, wenn du Dinge wählst, die dich interessieren. Nehmen wir an, du bist ein leidenschaftlicher Hobbygärtner und möchtest Englisch lernen. Es liegt nahe, im Internet nach Zeitschriften und Artikeln in englischer Sprache zu suchen, die sich mit dem Thema Gartenbau und Pflanzenzucht beschäftigen. Da dich das Thema interessiert, wirst du schneller und leichter lernen als mit langweiligem Stoff. Beim Lernen mit dieser Methode wirst du zudem wahrscheinlich deinen Wortschatz schneller erweitern als mit einem Standard-Sprachkurs, weil du Wörter lernen wirst, die über den Grundwortschatz hinausgehen. Sozusagen als Bonus lernst du eventuell auch etwas Neues oder bekommst Tipps, die dir nützlich sind.

Einige Menschen bevorzugen den direkten Kontakt von Mensch zu Mensch. Auch dafür existieren mehrere Möglichkeiten in Deutschland. In größeren Städten und Universitätsstädten treffen sich zum Beispiel Fremdsprachenstammtische in regelmäßigen Abständen. Dort kommen Leute zusammen, die Interesse an einer fremden Sprache und Kultur haben. In vielen Städten finden Kulturfestivals verschiedener Länder oder Sprachräume statt. Ein gutes Beispiel ist das alljährliche Sambafestival in Coburg (Bayern), das weltgrößte Ereignis seiner Art außerhalb Brasiliens mit mehr als 130.000 Besuchern im Jahr 2022. Was für eine exzellente Gelegenheit, um Portugiesisch und Spanisch zu praktizieren, einen Einblick in die lateinamerikanische Kultur zu bekommen und natürlich die wunderschönen Chicas in ihren bunten Kostümen zu bewundern! Wer seine Englisch- und Französischkenntnisse aufpolieren und vertiefen möchte, sollte das Afrikafestival in Würzburg besuchen. Bei solchen Gelegenheiten lernt man nicht nur neue Wörter, sondern knüpft auch persönliche Kontakte, die später im Leben sehr nützlich sein können.

Im Alltag geht es auch eine Nummer kleiner. In Deutschland leben Millionen von ausländischen Mitbürgern. Mit großer Wahrscheinlichkeit sind auch einige deiner Arbeitskollegen Ausländer. Das ist eine ausgezeichnete Gelegenheit, um eine Fremdsprache zu lernen. Du kannst mit einem Muttersprachler üben und lernst Ausdrücke, die wahrscheinlich in keinem Sprachkurs vermittelt werden, die aber im Alltag wichtig sein können. Ein gutes Beispiel sind Fachausdrücke. Eventuell entsteht daraus sogar eine Freundschaft. Ausländer sind in der Regel sehr aufgeschlossen und freuen sich, wenn sich Deutsche für ihre Sprache und Kultur interessieren. Du wirst nur selten auf Ablehnung stoßen.

Eine andere Gelegenheit, in eine Fremdsprache einzutauchen, sind ausländische Restaurants. Die gibt es in nahezu jeder deutschen Stadt. Wenn du in ein griechisches, italienisches oder türkisches Restaurant gehst und das Personal wirklich aus dem betreffenden Land stammt, warum sie nicht in ihrer Sprache begrüßen und Hallo oder guten Tag sagen? Außerdem lernst du gleichzeitig die Namen vieler Gerichte und die Esskultur kennen, ein wichtiger Bestandteil der Kultur. Nur mit dem Englischen klappt diese Methode nicht, da es so gut wie keine englischen Pubs in Deutschland gibt, höchstens amerikanische Steakhouses, deren Personal aber meistens entweder deutsch oder international ist.

Die Vorteile der Birkenbihl-Methode

Das Erlernen einer Fremdsprache nach der von Vera Birkenbihl entwickelten Methode hat viele Vorteile. Ihr wichtigster Baustein ist das passive Hören. Das lässt sich nahtlos in den Alltag integrieren. Du kannst praktisch nebenbei lernen. Passiv Hören eignet sich zum Beispiel ideal, um lange Wartezeiten beim Arzt oder auf Ämtern zu überbrücken. Eine ausgezeichnete Gelegenheit zum Lernen bietet auch die tägliche Fahrt zur und von der Arbeit, vorausgesetzt du benutzt öffentliche Verkehrsmittel. Auch langweilige, monotone Arbeiten lassen sich mit der Birkenbihl-Methode zum Lernen nutzen.

Dank des Internets und der modernen Technik ist es fast überall möglich, nach der Birkenbihl-Methode zu lernen. Du benötigst im Grunde genommen nur ein Smartphone, ein Paar gute Kopfhörer, Zugang zu schnellem mobilen Internet und einen Tarif mit ausreichendem Datenvolumen, dann kannst du lernen, wann und wo du willst.

Das Internet ermöglicht dir auch, den Lernstoff weitgehend selbst zu kreieren. Du musst keine trockenen Grammatikregeln lernen oder Vokabeln pauken, die du vielleicht nie mehr benötigen wirst. Der Lernstoff ist interessant. Dadurch lernst du schneller und besser, als wenn langweiliger Schulstoff eingesetzt wird, der weder einen Bezug zum Alltag noch zu deinen Interessen hat.

Ein großer Teil des Lernstoffs basiert auf Online-Inhalten, die kostenlos sind. Natürlich gibt es Sprachkurse, die auf der Birkenbihl-

Methode basieren und Geld kosten. Mit etwas Geduld und Internet-Affinität bekommst du aber den meisten Lernstoff kostenlos.

Ein großer Vorteil der Birkenbihl-Methode besteht darin, dass sie sich auch auf andere Lerninhalte anwenden lässt. Du solltest jedoch zumindest etwas Basiswissen besitzen. Für das Erlernen völlig neuer Inhalte eignet sich die Methode nicht.

Die Nachteile der Birkenbihl-Methode

Der größte Nachteil der Birkenbihl-Methode besteht darin, dass du die Fremdsprache ohne Kenntnis der Regeln wie Grammatik oder Satzbau lernst. Das mag zwar für den alltäglichen Gebrauch ausreichend sein, aber bei jedem Studium oder jeder offiziellen Prüfung wird auch nach der Kenntnis der Regeln gefragt. Wenn jemand, der eine Sprache nach der Birkenbihl-Methode gelernt hat, gesagt bekommt, den Imperativ eines Verbs zu nennen oder es in die Zeitform Perfekt zu setzen, kann er damit nichts anfangen, weil er die Begriffe nicht kennt.

Ein weiteres Problem ist das fehlende Erfolgserlebnis. Beim Lernen nach Vera Birkenbihl lernst du zum größten Teil allein. Es ist niemand da, der dich anspornt, ermuntert oder dich auf Fehler aufmerksam macht. Nur in der ersten Phase, beim Dekodieren, empfiehlt die Birkenbihl ausdrücklich, dass mindestens 2 Personen gemeinsam lernen sollten.

Der Mangel an Erfolgserlebnissen hat zugleich einen großen Einfluss auf die Motivation. Aller Anfang ist schwer. Das gilt auch beim

Erlernen einer Fremdsprache. Wenn sich nicht bald ein Aha-Erlebnis einstellt, ist die Gefahr groß, dass der Lernende entmutigt wird und einfach aufgibt. Er hat ja niemanden, der ihn anspornt oder der seine Fortschritte bewertet.

Wie du bereits in den Erläuterungen zu den einzelnen Lernschritten erfahren hast, erfordert das Lernen mit der Birkenbihl-Methode eine gewisse Internet-Affinität. Du musst dich mit der Nutzung von Smartphones und Apps auskennen, musst wissen, wie man im Internet recherchiert und diverse Programme installiert und nutzt. Diese Fähigkeiten besitzt nicht jeder Mensch.

Die Unsicherheit ist ein weiterer negativer Aspekt der Birkenbihl-Methode. Lernst du eine Fremdsprache nach dieser Methode, weißt du bis zum Stadium des Eintauchens in die fremde Sprache nie, wie gut du sie beherrschst. Das bringt, zumindest am Anfang, eine große Unsicherheit mit sich. Dir fehlt die Bestätigung durch Zwischenprüfungen und einen abschließenden Test. Du weißt nicht, wo deine Stärken und Schwächen liegen. Wenn du dich mit Muttersprachlern unterhältst, wartest du ängstlich auf ihre Reaktion. Haben sie dich verstanden? Hast du alles richtig gesagt oder hast du vielleicht etwas völlig anderes gesagt, als du eigentlich ausdrücken wolltest? Was für eine Erleichterung, wenn dein Gegenüber dich verstanden hat und dir wie erwartet antwortet! Wie groß ist jedoch die Enttäuschung, wenn du nicht verstanden wirst. Mitunter kann es sogar passieren, dass eine negative Reaktion erfolgt, weil du unabsichtlich eine Beleidigung oder einen vulgären Ausdruck benutzt hast.

Für wen eignet sich die Birkenbihl-Methode?

Eines sollte dir von vornherein klar sein. Die Methode des Sprachenlernens nach Vera Birkenbihl ist nicht für jedermann geeignet. Für Lernende, die eine Fremdsprache systematisch im Rahmen einer Ausbildung lernen, weil sie ein Zertifikat benötigen oder die Sprache für das Studium oder den Beruf benötigen, ist sie nur bedingt geeignet. Für solche Anwendungen kommt es auf die Kenntnis der Grammatik, des Satzbaus, der Syntax und anderer Sprachstrukturen an. Sie werden in den entsprechenden Prüfungen abgefragt und gehen in die Testergebnisse ein.

Mit der Birkenbihl-Methode kann man eine Fremdsprache zwar gut, aber eher instinktiv lernen, ähnlich wie die Muttersprache. Daher eignet sich diese Lernmethode vor allem für Schüler, die sich im Alltag mit der Fremdsprache verständigen wollen, aber keine spezielle Prüfung oder Zertifikat benötigen. Du solltest zudem über genügend freie Zeit zum Lernen verfügen. Das Lernen nach der Birkenbihl-Methode erfordert viel Selbstdisziplin und genügend freie Zeit, um das Lernen in den Tagesablauf zu integrieren.

Die Birkenbihl-Methode eignet sich gut für Menschen, die den deutschsprachigen Raum für immer oder für längere Zeit verlassen wollen. Mit der Sprachlernmethode können sie sich an ihrem neuen Wohnsitz schneller eingliedern und sind nicht so stark auf die Unterstützung von Landsleuten angewiesen. Die Birkenbihl-Methode kann zudem als Ergänzung zu einem klassischen Sprachkurs genutzt werden, da sie vor allem zum Selbstlernen gut geeignet ist. Du solltest die Methode ebenfalls nutzen, wenn du in Deutschland lebst und bereits vorhandene Fremdsprachenkenntnisse erhalten möchtest. Wird eine Fremdsprache nicht regelmäßig praktiziert, gerät sie im Laufe der Zeit allmählich in Vergessenheit. Zur Erhaltung der Sprachkenntnisse ist das aktive Hören, das Eintauchen in die Sprache, besonders gut geeignet.

KAPITEL 6:
SPRACHEN SCHNELLER LERNEN MIT BABBEL

Da es in diesem E-Book um das Thema Fremdsprachen schneller lernen geht, kommst du nicht um den Anbieter Babbel nicht herum. Das Unternehmen behauptet in seinen Marketingkampagnen immer wieder, mit der Babbel-Methode könne man innerhalb von nur 3 Wochen lernen, eine Fremdsprache fließend zu sprechen. Nach einer allgemein anerkannten Einteilung entsprechen fließende Sprachkenntnisse dem Niveau B2.

Was ist Babbel, welche Sprachen werden angeboten und was kostet es?

Die Firma wurde im Jahre 2007 als Lesson Nine GmbH in Berlin gegründet, wo es auch heute noch seinen Hauptsitz hat. Eine weitere Niederlassung befindet sich in New York. Insgesamt beschäftigt Babbel etwas mehr als 550 hauptamtliche Mitarbeiter. Seit Januar 2008 ist Babbel online. In der ersten Zeit bot es den Nutzern eine kostenlose Beta-Version, die durch Werbung finanziert wurde. Seit

2012 ist für die Nutzung von Babbel der Abschluss eines kostenpflichtigen Abos erforderlich. Aktuell werden Kurse in folgenden Sprachen angeboten:

- Englisch
- Spanisch
- Italienisch
- Französisch
- Portugiesisch
- Niederländisch
- Dänisch
- Schwedisch
- Norwegisch
- Türkisch
- Polnisch
- Indonesisch
- Russisch

Zum Erlernen einer Fremdsprache mit Babbel benötigst du ein Abo. Du wählst die Sprache aus, die du lernen möchtest und darfst eine Lektion zur Probe kostenlos testen. Danach musst du dich für eines der Abomodelle entscheiden. Die Preise sind im November 2022 wie folgt:

- **3 Monate:** 12,99 €/Monat (Abbuchung von 38,97 € alle 3 Monate)
- **6 Monate:** 9,99 €/Monat (Abbuchung von 59,54 € alle 6 Monate)

- ➤ **12 Monate:** 6,99 €/Monat (Abbuchung von 83,88 € alle 12 Monate)
- ➤ **Lifetime Zugang:** 249,99 € Einmalzahlung (damit können alle Sprachen gelernt werden)

Das Abo kann bis zu einem Tag vor Ablauf gekündigt werden. Geschieht das nicht, verlängert es sich automatisch um den zuvor gebuchten Zeitraum.

Die angebotenen Zahlungsarten hängen davon ab, wo du das Abo abschließt. Auf der Homepage von Babbel ist die Zahlung mit Visa oder MasterCard sowie mit PayPal und Sofortüberweisung möglich. Schließt du das Abo über die Babbel App ab, bezahlst du den In-App-Kauf im Google Play Store oder im Apple App Store.

Wie funktioniert Babbel?

Du kannst Babbel sowohl auf dem Computer als auch auf dem Smartphone oder Tablet nutzen. Die Inhalte und dein persönlicher Lernfortschritt werden synchronisiert. Jeder Kurs wird von einem Team von Sprachwissenschaftlern und Lehrern entwickelt und exakt auf die jeweilige Sprachkombination zugeschnitten. Damit meint Babbel, dass beispielsweise die Spanisch-Lektionen für einen Lernenden mit Deutsch als Muttersprache anders aufgebaut sind als für Schüler, deren Muttersprache Englisch ist. Die Kurse sind nach dem GER (Gemeinsamer europäischer Referenzrahmen) aufgebaut.

Nebenbei bemerkt sind Englischsprecher beim Spanisch-Lernen im Vorteil, weil sich in beiden Sprachen viele Wörter ähneln. Das kommt daher, weil es im Englischen viele Lehnwörter aus romanischen Sprachen gibt.

Jede Lektion ist ein in sich abgeschlossene Einheit, die vom Level A1 bis zum Level B2 (bei Englisch bis C1) führt. Wenn du noch keine Sprachkenntnisse besitzt, fängst du ganz am Anfang an. Hast du bereits Vorkenntnisse, kannst du einen Einstufungstest absolvieren und mit dem Lernen auf einem Level anfangen, der deinen aktuellen Sprachkenntnissen entspricht. Beim Einstufungstest werden dir 12 Fragen gestellt, nach deren Beantwortung automatisch deine Einstufung erfolgt. In den Kursen werden alle 4 Fähigkeiten zum Sprachverstehen vermittelt:

> Lesen

> Hören

> Sprechen

> Schreiben

Zur Überprüfung deiner Aussprache dient ein integriertes Spracherkennungssystem. Deine Fortschritte beim Lernen werden automatisch in der Cloud gespeichert. Das bedeutet, du bist nicht gezwungen, eine Lektion oder einen Lernabschnitt zu beenden, sondern kannst so lange lernen, wie du Zeit und Lust hast. Da Babbel durch den Zugang zur Cloud funktioniert, spielt es keine Rolle, ob du am Computer oder unterwegs auf dem Smartphone lernst. Du kannst nach Belieben zwischen den Endgeräten hin und her wechseln.

Bei den Anfängerkursen von Babbel geht es um leichte Themen, die von allgemeinem Interesse sind. Behandelt werden unter anderem die Aspekte Freizeit, Sport, Musik und Small Talk. In den

Anfängerkursen kann das Niveau A2 erreicht werden. Das genügt, um sich beispielsweise im Urlaub verständigen zu können und nach dem Weg zu fragen oder in einem Restaurant etwas zu bestellen.

Die Mittelstufenkurse werden in Aufbau- und Auffrischerkurse unterteilt. Die Aufbaukurse sind für Schüler bestimmt, die den jeweiligen Anfängerkurs erfolgreich absolviert haben, während die Auffrischerkurse für Lernende entwickelt wurden, die ihre vorhandenen Sprachkenntnisse erhalten oder vertiefen möchten. In den Mittelstufenkursen werden Themen behandelt, bei denen es um speziellere Dinge geht, beispielsweise um einen Friseurbesuch oder einen Gang zum Arzt. Auch Grammatikübungen gehören zum Kursinhalt. Das erreichbare Sprachniveau wird mit B2 angegeben.

Das Angebot wird durch alle möglichen Zusatzkurse ergänzt. Dabei geht es unter anderem um die Vermittlung von Ausdrücken in der Geschäftssprache (Business English) oder um Lektionen, die das Thema Reisen oder Land und Leute behandeln. Die einzelnen Teile des Sprachenlernens werden ebenfalls gesondert behandelt und können mit Zusatzkursen vertieft werden. Diese beschäftigen sich zum Beispiel mit der Grammatik oder mit Hören und Sprechen oder Wörtern und Sätzen oder Redewendungen.

Der Wiederhol-Manager ist eine smarte Funktion, die deine Stärken und Schwächen aufzeichnet und dir die Möglichkeit zur Wiederholung anbietet, um Fehler zu korrigieren und gelernte Wörter und Redewendungen zu festigen. Der Wiederhol-Manager registriert, wie oft du eine Vokabel richtig gebrauchst. Verwendest du ein Wort längere Zeit nicht, zeigt er an, dass es Zeit wird, es erneut zu üben. Durch die gezielte Wiederholung wird der Wortschatz gefestigt.

In der 1. Stufe wirst du täglich daran erinnert, das Wort zu wiederholen, in der 2. Stufe erfolgt die Erinnerung alle 4 Tage, in der dritten Stufe einmal wöchentlich, in der 4. Stufe alle 14 Tage, in der 5. Stufe alle 60 Tage und in der 6. Stufe alle 6 Monate.

Das Sprachlernprogramm Babbel wird durch Babbel Live ergänzt. Dabei handelt es sich um ein gesondertes Programm, das Online-Sprachunterricht anbietet. Ein Kurs mit Babbel Live muss extra abgeschlossen werden. Der Lerninhalt ist nicht mit dem Babbel Lernprogramm verknüpft. Bei Babbel Live lernen die Studenten in kleinen Klassen von höchstens 4 - 6 Schülern. Der Lehrer ist in der Regel ein Muttersprachler. Im Moment ist Babbel Live nur für Englisch und Spanisch verfügbar.

Darüber hinaus bietet Babbel auch Sprachreisen an, die über das Unternehmen gebucht werden können. Die Sprachreisen fußen auf dem mit Babbel vermittelten Lehrstoff. Sie dienen dazu, das Gelernte zu erweitern und zu vertiefen. Dafür sind Sprachreisen eine bewährte Methode, da sie Sprachunterricht mit der Immersion in die Sprache kombinieren.

Welche Vorteile bietet Babbel?

Mit Babbel kannst du überall Sprachen lernen: zu Hause, unterwegs oder auch auf der Arbeit in der Pause. Der jeweilige Lerninhalt lässt sich auf die Endgeräte herunterladen, sodass du nicht auf eine Verbindung zum Internet angewiesen bist. Das ist ein großer Vorteil, wenn du unterwegs lernen möchtest, weil das deutsche Mobilfunknetz trotz der Versprechungen von Anbietern und Politikern noch immer große Lücken aufweist.

Die Bedienung von Babbel ist einfach und benutzerfreundlich. Man muss nicht internetaffin sein, um damit zurechtzukommen. Eine Bedienungsanleitung ist überflüssig, da sich Babbel selbst erklärt. Das Lernen macht Spaß, da du nicht stur Vokabeln pauken musst. Die neuen Wörter werden nicht isoliert vorgestellt, sondern immer im Kontext. Das hilft dabei, sich die Wörter besser einzuprägen. Beim Sprachenlernen kommt auch die Grammatik nicht zu kurz. Babbel stellt wichtige grammatische Regeln vor und erläutert auch ihre Bedeutung. In diesem Punkt gleicht Babbel dem Lernen mit einem Lehrbuch, allerdings auf Multimedia-Basis.

Die Audiodateien werden von Muttersprachlern gesprochen. Dadurch lernt der Sprachschüler die korrekte Aussprache. Babbel setzt unterschiedliche Sprecher ein, wie es im Alltag normal ist. Dadurch gewöhnst du dich an unterschiedliche Aussprache und Dialekte. Die einzelnen Lektionen bauen sinnvoll aufeinander auf. Im Durchschnitt dauert eine Lektion ungefähr 15 Minuten. Das ist nicht zufällig gewählt, weil die Konzentration relativ schnell nachlässt.

Das Angebot von Babbel wird ständig ausgebaut und erweitert. Ständig kommen neue Angebote dazu. Die stehen nicht nur neuen Abonnenten zur Verfügung, sondern auch Bestandsmitgliedern.

Welche Nachteile hat Babbel?

Zu den größten Nachteilen gehört, dass Babbel kostenpflichtig ist. Konkurrenten wie Duolingo bieten kostenlose Versionen zum Sprachenlernen an. Ein weiterer Nachteil ist das unterschiedliche Niveau der Sprachkurse. Am höchsten ist es für die englische und die spanische Sprache. Für das Zusatzprogramm Wirtschaftsenglisch bietet Babbel sogar einen Cambridge-Englisch-Test an. In anderen Sprachen, darunter Russisch, können Sprachschüler höchstens das Niveau A2 erreichen. Das reicht gerade einmal aus, um auf Russisch einen Kaffee oder einen Wodka bestellen zu können.

Eine der größten Stärken, die freie Zeiteinteilung, ist auch eine der größten Schwächen von Babbel. Das regelmäßige Lernen mit der App erfordert viel Selbstdisziplin. Wenn der ursprüngliche Elan verbraucht ist, lässt der Eifer bei vielen Usern schnell nach und sie geben auf.

Viele User bemängeln auch die Auswahl der erlernbaren Sprachen. So werden wichtige Sprachen wie Mandarin, Koreanisch, Japanisch oder Arabisch nicht angeboten. Babbel stellt zwar hübsch aussehende Zertifikate aus, in der Praxis sind sie aber wertlos. Du kannst bei einem Bewerbungsgespräch im Ausland gewiss nicht punkten, wenn du dein Babbel-Zertifikat vorzeigst.

Oft wird auch der Fakt beklagt, dass es bei Babbel keine Community gibt. Nutzer anderer Sprachlernprogramme können untereinander in Kontakt treten und gemeinsam lernen oder Tandems bilden oder zu Wettbewerben gegeneinander antreten. Früher gab es mal eine Community auf Babbel, sie wurde aber vor einiger Zeit ohne Angabe von Gründen abgeschafft.

Insgesamt betrachtet, bewegt sich das mit Babbel erreichbare Sprachniveau eher auf dem Level A2 als B1. Sein Versprechen, mit der App eine Sprache in 3 Wochen fließend zu lernen, kann Babbel nicht erfüllen. Trotzdem lohnt sich das Lernen mit Babbel, wenn du es zusammen mit anderen Lernmethoden kombinierst.

Für wen eignet sich Babbel?

Die Sprachkurse eignen sich vor allem für Anfänger, die noch keine oder nur geringe Vorkenntnisse haben. Für Fortgeschrittene ist Babbel dagegen kaum geeignet, da das in den Lektionen erreichbare Niveau zu gering ist. Du kannst ein Abo bei Babbel abschließen, wenn du Grundkenntnisse einer Fremdsprache erwerben willst, dir aber die Zeit für einen Kurs bei der VHS fehlt oder es in deiner Nähe keine geeigneten Angebote gibt.

KAPITEL 7

DUOLINGO- DIE SPRACHLERNAPP MIT DER GRÜNEN EULE

Duolingo ist ein ernsthafter Konkurrent von Babbel. Die App ist sehr beliebt und wird von Millionen Nutzern in der ganzen Welt zum Erlernen einer Fremdsprache verwendet.

Zahlen und Fakten über Duolingo

Die App Duolingo ist seit November 2011 online. Sie wurde im US-amerikanischen Pittsburgh an der Carnegie Mellon University entwickelt und verfolgte von Anfang an das Ziel, allen Menschen Zugang zu kostenloser Bildung zu ermöglichen. Zunächst startete Duolingo mit einer Betaversion, die nur einer begrenzten Zahl von Nutzern zugänglich war. Seit Juni 2012 ist Duolingo öffentlich zugänglich. Der Betreiber gibt an, dass sich seitdem mehr als 300 Millionen Menschen angemeldet haben. Mitte 2022 zählte Duolingo fast 50 Millionen aktive Nutzer. Dazu kommen weitere 3,5 Millionen, die ein kostenpflichtiges Abo abgeschlossen haben. Die gleichnamige

Firma ist seit 2021 an der NASDAQ gelistet, was viel über den Erfolg des Konzepts aussagt. Duolingo beschäftigt aktuell ungefähr 170 hauptamtliche Mitarbeiter, von denen viele von Google kamen. Die beiden Gründer, Luis von Ahn und Severin Hacker (!), sind promovierte Informatiker. Gemessen an den Downloads ist Duolingo weltweit die beliebteste App zum Erlernen einer Fremdsprache. In den USA, Brasilien und Mexiko ist Duolingo führend. Deutschland folgt bei der Zahl der Nutzer auf dem 9. Platz. Duolingo ist als App für Android und iOS verfügbar, kann aber auch in der Browserversion auf dem PC oder Laptop verwendet werden.

Welche Sprachen kann man mit Duolingo lernen?

Insgesamt stehen im Moment 40 Sprachen zur Auswahl. Darunter auch solche Exoten wie Guaraní, eine indigene Sprache, die in Paraguay und dem nordöstlichen Argentinien gesprochen wird, Hawaiianisch, irisches Gälisch, schottisches Gälisch, Zulu, Hebräisch, Latein und sogar Klingon. Wer als Muttersprache Deutsch angibt, muss jedoch mit einer wesentlich kleineren Auswahl an Sprachen vorliebnehmen:

- ➢ Englisch
- ➢ Spanisch
- ➢ Französisch
- ➢ Italienisch

Vorausgesetzt, deine Englischkenntnisse sind gut genug, kannst du das Problem aber relativ einfach umgehen, indem du bei der Registrierung Englisch als Muttersprache angibst. Dann hast du die volle Auswahl. Allerdings musst du damit zurechtkommen, dass die Unterrichtssprache und die Erklärungen auf Englisch erfolgen.

Gibt es eine kostenpflichtige Version?

Die kostenpflichtige Variante nennt sich Duolingo Super. Sie ist im Abo mit verschiedenen Laufzeiten erhältlich. In Bezug auf den Lerninhalt unterscheidet sich die kostenpflichtige Version nicht von der kostenlosen Basisversion. Die Unterschiede bestehen darin, dass Duolingo Super keine Werbung enthält. Die Inhalte der einzelnen Lektionen stehen offline zur Verfügung und du kannst längere Zeit mit dem Lernen aussetzen, ohne dass deine Erfolge gelöscht werden. Machst du Fehler, kannst du die Lektion beliebig oft wiederholen.

Kosten von Duolingo Super

- **1 Monat:** 13,99 €
- **1 Jahr:** 87,99 € (7,34 €/Monat), wird auf einmal abgebucht
- **Familienabo** (App kann mit bis zu 6 Mitgliedern geteilt werden): 122,99 € (10,24 €/Monat)

Die Bezahlung kann mit Kreditkarte (Visa und Mastercard) oder PayPal erfolgen. Erwirbst du die App im Playstore, gelten die dort hinterlegten Zahlungsweisen. Die Kündigung von Duolingo Super ist einfach. Dazu musst du in deinem Konto den Menüpunkt Einstellungen auswählen und dort die automatische Verlängerung des Abos deaktivieren. Das ist zu jeder Zeit, bis zum letzten Tag vor Ablauf des Abos, möglich. Alternativ kannst du auch eine E-Mail an den Support schreiben und dein Abo schriftlich kündigen. Das sollte jedoch etwas eher erfolgen, um den Mitarbeitern Zeit zum Reagieren zu geben.

Wie funktioniert Duolingo?

Das Maskottchen von Duolingo ist Duo, die niedliche grüne Eule, die als digitaler Sprachlehrer fungiert. Sie poppt immer mal wieder im Verlauf der Lektionen auf und lobt bei Erfolgen oder spricht bei Misserfolgen Mut zu. Duo wurde nicht zufällig als Maskottchen gewählt, gilt doch die Eule bereits seit der Antike als Symbol der Weisheit.

Die Lektionen bestehen aus verschiedenen Übungen, die Hören, Sprechen, Lesen und Schreiben beinhalten. Jede Lektion ist in 5 Level (Stufen) gegliedert, beginnend bei Stufe 1. Nach Abschluss der höchsten Stufe besteht die Möglichkeit, den Königslevel zu erreichen. Ein Sprachkurs (trifft auf Spanisch zu) besteht aus etwas mehr als 60 Lektionen, die unterschiedliche Themen behandeln. Neben sachbezogenen Themen werden auch Lektionen angeboten, die sich mit Grammatik beschäftigen. Hier ein paar Beispiele:

> Grundlagen

> Essen

> Tiere

> Plural

> Adjektive

> Zeit

> Adverbien

> ➤ Perfekt
>
> ➤ Plusquamperfekt
>
> ➤ Futur I und II
>
> ➤ und viele andere.

Jede Lektion bildet eine in sich abgeschlossene Einheit, die einfach beginnt und sich immer weiter steigert. Zu Beginn muss der Nutzer zum Beispiel ein Wort erkennen. Dazu werden mehrere Bilder mit der Bezeichnung des Wortes gezeigt und er muss das richtige auswählen. Danach folgt eine Liste mit Wörtern in der Lernsprache und den deutschen Entsprechungen. Die Wörter müssen einander korrekt zugeordnet werden. Sätze auf Deutsch und in der Fremdsprache werden eingeblendet, mit einer Auswahl an Wörtern darunter. Aus dieser Auswahl muss der korrekte Satz gebildet werden. Das erfolgt in beide Richtungen, mal muss ein deutscher Satz gebildet werden, mal einer in der Fremdsprache. Dazwischen tauchen immer mal wieder Sprechübungen auf. Ein Satz in der Fremdsprache wird vorgegeben und muss beim Tippen auf das Mikrofonsymbol nachgesprochen werden. Bei Hör- und Schreibübungen sagt ein Sprecher einen Satz in der Fremdsprache. Je nach der Situation muss man das Gehörte entweder in der Fremdsprache niederschreiben oder auf Deutsch. Der gesprochene Text kann beliebig oft wiederholt werden. Bei Bedarf lässt sich die Sprechgeschwindigkeit verringern, damit man besser versteht. Dazu genügt ein Klick auf das kleine Symbol mit der Schildkröte.

Der Fortschritt in jeder Lektion wird in einem Balken am oberen Rand des Displays angezeigt. Hat man die Aufgabe richtig gelöst, wird der Button "Weiter" grün und man geht zur nächsten Aufgabe. Macht man Fehler, wird der Button rot und man hat am Ende der Lektion die Gelegenheit, die Aufgabe noch einmal zu lösen. Bei 3 Fehlversuchen wird die Lektion gesperrt und muss später wiederholt werden. Für jede gelöste Aufgabe erhältst du XP Punkte (Erfahrungspunkte). Du wirst bei der Registrierung in eine der folgenden Ranglisten (Ligen genannt eingeordnet):

> Bronze
> Silber
> Gold
> Saphir
> Rubin
> Smaragd
> Amethyst
> Perle
> Obsidian
> Diamant

Nach dem Abschluss einer Übung wird dir den Stand an XP Punkten angezeigt und deine Rangfolge innerhalb deiner Liga. Die besten 10 können in die nächste Liga aufsteigen, wer auf einem Platz unterhalb der Abstiegszone landet, steigt in eine untere Liga ab. Du musst täglich mindestens eine Lektion abschließen. Je nachdem wie schnell du bist, dauert das etwa 5 bis 10 Minuten. Welche Lektion du wählst, ist dir überlassen. Duolingo gibt keine Reihenfolge vor. Hast du einen Lernstoff längere Zeit nicht geübt, erscheint das Symbol für die betreffende Lektion wie zerbrochen. Um es zu reparieren, musst du eine Auffrischungsübung machen.

Darüber hinaus bietet Duolingo jede Menge Herausforderungen (Challenges) an. Du bekommst Extrapunkte, wenn du besonders schnell bist und/oder keine Fehler machst oder du kannst Extrapunkte verdienen, wenn du eine bestimmte Periode lang jeden Tag lernst. Zwischendurch bietet Duolingo immer wieder Challenges für eine befristete Zeit an. Zusätzliche Punkte lassen sich auch verdienen, wenn du häufig gemachte Fehler übst, um dich zu verbessern.

Welches Lernkonzept verfolgt Duolingo?

Die App strebt danach, ihre Nutzer bei der Stange zu halten. Sie sollen regelmäßig, am besten täglich, üben, selbst wenn es nur ein paar Minuten sind. Das ist im Einklang mit pädagogischen Erkenntnissen, denen zufolge eine Fremdsprache am besten durch tägliches Üben gelernt wird. Man muss nicht jeden Tag stundenlang pauken. Schon wenige Minuten Lernen am Tag reichen aus, solange es kontinuierlich praktiziert wird. Duolingo unternimmt viel, um die Motivation der Nutzer hochzuhalten. Während der Lektion taucht immer wieder Duo, die grüne Eule, auf und lobt oder tröstet. Verschiedene Avatare klatschen Beifall, wenn eine Aufgabe richtig gelöst wurde oder gucken traurig bei Fehlern. Am Ende der Lektion wird dir angezeigt, ob du in der Rangfolge aufgestiegen oder abgefallen bist. Die Rangfolge wird alle 6 Tage neu bestimmt. Um die volle Punktzahl zu erhalten, musst du pro Tag mindestens 2 Lektionen abschließen.

Duolingo speichert die Zeit, zu der du eine Lektion beendet hast. Da du bei der Registrierung deine E-Mail-Adresse angeben musstest, erhältst du eine Erinnerung, wenn es wieder an der Zeit ist. Ignorierst du die Aufforderung und setzt einen Tag aus, ist dein Streak (die

Lernkontinuität) in Gefahr. Duolingo bittet dich, das Lernen fortzusetzen. Willst du mal einen Tag Pause einlegen, kannst du deinen Streak erhalten, indem du dafür XP Punkte opferst. Auf diese Weise kannst du das Lernen bis zu 2 Tage lang unterbrechen und trotzdem deine Erfolge behalten. Erst bei längeren Pausen werden deine XP Punkte gelöscht und du wirst zurückgestuft. Durch diese Methoden gelingt es Duolingo ziemlich gut, die Nutzer bei der Stange zu halten.

Welche Vorteile hat Duolingo?

Die Anwendung gehört zu einer der wenigen Sprachkurse, die kostenloses Lernen ohne Begrenzung ermöglichen. Das ist in der Branche ziemlich selten. Babbel bietet zum Beispiel nur eine kostenlose Probelektion, wer das Programm ernsthaft nutzen möchte, muss ein kostenpflichtiges Abo abschließen. Andere Apps wie Mondly haben in der kostenlosen Basisversion nur ein sehr eingeschränktes Angebot. Ständig wird der Nutzer aufgefordert, zur kostenpflichtigen Version zu wechseln. Das nervt im Laufe der Zeit immer mehr und verdirbt den Spaß am Lernen.

Nicht so bei Duolingo. In Bezug auf den angebotenen Lehrstoff gibt es keine Unterschiede zwischen der kostenlosen und der kostenpflichtigen Version. Als Nutzer der kostenlosen Version muss man sich ab und zu mal einen Werbespot ansehen, aber das hält sich in Grenzen. Der angebotene Lehrstoff ist sehr vielfältig. Man lernt nicht nur Vokabeln oder einfache Phrasen, sondern die neu gelernten Wörter werden in komplette Sätze integriert, sodass man ihre Anwendung in der Praxis mitbekommt. Auch Hör- und Sprechübungen kommen nicht zu kurz. Ständig werden neue

Challenges angeboten oder es gibt Gelegenheiten, auf die eine oder andere Weise XPs zu verdienen. Dadurch wird das Lernen interessant und die Motivation wird aufrechterhalten. Dazu tragen auch die niedliche Eule Duo und die anderen Figuren bei.

Insgesamt betrachtet punktet Duolingo durch ein ausgezeichnetes Preis-Leistungs-Verhältnis.

Die Nachteile von Duolingo

Wo Licht ist, gibt es auch Schatten. Dieser weise Spruch trifft auch auf die Sprachlern-App Duolingo zu. Sie weist einige Nachteile auf. Dazu gehört beispielsweise der Fakt, dass man als deutscher Muttersprachler nur 4 Fremdsprachen lernen kann. Die Zahl der Deutschen, die Englisch gut genug beherrschen, um auf seiner Basis eine andere Fremdsprache zu lernen, dürfte nicht besonders hoch sein.

Wer sich gern mit anderen Schülern austauscht, wird von Duolingo enttäuscht, da es keine Community gibt. Du siehst zwar die Nutzernamen der anderen Mitglieder in deiner Liga und ihre Punktzahl, erfährst aber nicht, wer sich dahinter verbirgt und kannst auch keinen Kontakt aufnehmen.

Der zur Verfügung gestellte Lernstoff ist begrenzt. Duolingo behauptet zwar, man könne durch das Lernen mit der App das Niveau B2 erreichen, diese Aussage darf aber bezweifelt werden. Durch alle Level werden in einer Lektion immer wieder dieselben Vokabeln und Redewendungen wiederholt, die teilweise recht eigenartig sind. Im Spanischkurs lernt man zum Beispiel zu sagen, dass die Krabbe Milch trinkt oder dass die Schildkröte tot ist. Inwieweit solche Redewendungen in der Praxis einen Nutzen haben, ist fraglich. In der

Lektion Zahlen werden die Zahlen bis zur 15 geübt. Alles, was darüber hinausgeht, wird nicht behandelt. Bei den Berufen ist es ähnlich. Nur eine kleine Auswahl an Bezeichnungen wird geübt. Wenn du längere Zeit mit Duolingo übst, merkst du früher oder später, dass du dein Wissen nicht erweiterst, sondern dich nur im Kreis bewegst. Im besten Fall kannst du mit der Hilfe von Duolingo lernen, dich auf einfache Art und Weise zu verständigen. Davon, mit Duolingo eine Fremdsprache fließend zu beherrschen, kann keine Rede sein.

Zu den Nachteilen von Duolingo gehört auch, dass der Sprachkurs keinen anerkannten Abschluss oder Zertifikat bietet. Wer so ein Dokument aus beruflichen Gründen benötigt, ist bei Duolingo fehl am Platz.

Für wen eignet sich Duolingo?

Die Sprachlern-App ist eine gute Wahl für Nutzer, die von einer Fremdsprache noch wenig oder gar keine Kenntnisse haben. Mit Duolingo macht das Lernen Spaß und man kann immer und überall lernen. Leerzeiten wie die lange Bahnfahrt oder das Sitzen im Wartezimmer lassen sich mit Duolingo sinnvoll nutzen. Die App eignet sich für Nutzer, die eine Fremdsprache lernen, weil sie diese in der Praxis anwenden wollen. Sie ist zum Beispiel für Auswanderer empfehlenswert, die sich rechtzeitig Sprachkenntnisse aneignen wollen, aber keine Zeit haben, um reguläre Sprachkurse zu belegen. Du musst jedoch beachten, dass Duolingo allein nicht ausreicht, um ausreichende Sprachfertigkeiten zu vermitteln. Wenn es dir um mehr als um den reinen Spaß am Lernen geht, musst du Duolingo mit anderen Angeboten kombinieren.

KAPITEL 8

PREPLY - DIE PLATTFORM FÜR E-LEARNING

Während die Sprachlernmethode nach Vera Birkenbihl, um die es im Hauptteil dieses Ratgebers geht, auf eine Reihe von Sprachkursen angewendet wird und auch für das selbstständige Lernen eingesetzt werden kann, sind Babbel und Duolingo Online-Sprachkurse, die hauptsächlich auf Apps basieren und bei denen das mobile Lernen im Mittelpunkt steht.

Preply geht einen gänzlich anderen Weg. Es ist eine Plattform für E-Learning, bei dem die Nutzer per Videokonferenz von einem Privatlehrer unterrichtet werden.

Zahlen und Fakten über Preply

Das Start-up Preply wurde 2012 in der Ukraine gegründet und gehört heute zu den vielversprechendsten Anbietern auf dem Markt. Die ursprüngliche Absicht von Preply bestand darin, als zuverlässige Plattform für die SAT und ACT Tests in den USA zu dienen. Diese Tests werden von US-amerikanischen Universitäten und Colleges eingesetzt, um zu prüfen, ob Bewerber die für das Studium erforderlichen Voraussetzungen mitbringen. Neben Mathematik, kritischem Lesen und kreativem Schreiben werden teilweise auch andere naturwissenschaftliche Fähigkeiten und Kenntnisse geprüft. Von dieser Basis aus entwickelte sich Preply schnell zu einem Anbieter von Lehrstoff der unterschiedlichsten Themen. Das Start-up konnte auf exzellente Wachstumsraten verweisen und erregte die Aufmerksamkeit internationaler Investoren. Schon bald verlegte Preply seinen Hauptsitz aus der Ukraine in die USA, nach Brighton, Massachusetts. Gegenwärtig beschäftigt Preply mehr als 32.000 freiberufliche Sprachlehrer.

Kurioserweise sind Deutschland und Frankreich die einzigen beiden Länder, in denen nicht Englisch, sondern die jeweilige Landessprache am meisten nachgefragt wird. Experten nehmen an, dass der Grund dafür der relativ hohe Anteil an Ausländern an der Bevölkerung in beiden Ländern ist. Neu eingewanderte Fachkräfte versuchen, mithilfe von Preply ihre Sprachkenntnisse zu verbessern, um beruflich voranzukommen und sich schneller einzugliedern.

Welche Sprachen kannst du mit Preply lernen?

Die meisten Lehrer gibt es für folgende Sprachen:

- ➢ Englisch
- ➢ Spanisch
- ➢ Französisch
- ➢ Chinesisch
- ➢ Deutsch
- ➢ Arabisch

> Japanisch

> Portugiesisch

> Hindi

> Hebräisch

und andere Sprachen. Insgesamt werden auf der deutschen Plattform 24 Sprachen, inklusive Deutsch, angeboten. Allein für Englisch stehen mehr als 12.000 Lehrer, für Spanisch mehr als 4.000 und für Chinesisch mehr als 2.000 Lehrkräfte zur Verfügung. In Wirklichkeit ist jedoch das Angebot noch viel größer, da die Schüler die Möglichkeit haben, sich für eine spezielle Variante ihrer ausgewählten Sprache zu entscheiden. Sie können zum Beispiel einen Kurs für Wirtschaftsenglisch buchen oder sich für eine Variante einer Sprache entscheiden. Zwischen US-amerikanischen und britischem Englisch oder zwischen Spanisch, wie es in Spanien gesprochen wird und dem Spanisch in Mexiko oder Argentinien bestehen große Unterschiede. Du kannst einen Sprachlehrer buchen, der genau die Variante der Sprache spricht, die du benötigst.

Wie funktioniert Preply?

Zu Anfang besteht die wichtigste Aufgabe darin, die passende Lehrkraft zu finden. Das ist gar nicht so einfach, da bei den häufiger unterrichteten Sprachen eine Auswahl aus tausenden Lehrkräften möglich ist. Zur Erleichterung der Suche bietet Preply eine Vielzahl von Filtermöglichkeiten.

Zunächst einmal musst du dich entscheiden, ob du Einzelunterricht buchen möchtest oder lieber in der Gruppe unterrichtet werden willst. Einzelunterricht ist in der Regel teurer, der Lehrer kann sich aber ganz auf dich konzentrieren. Im Gruppenunterricht lernst du gemeinsam mit 3 - 6 Schülern in einem virtuellen Klassenzimmer. Gruppenunterricht ist günstiger, dafür muss die Lehrkraft ihre Aufmerksamkeit aber auf mehrere Schüler verteilen.

Im nächsten Schritt musst du entscheiden, ob du selbst eine Lehrkraft nach eigenen Kriterien aussuchen willst oder ob Preply dir geeignete Lehrer vorschlagen soll. Entscheidest du dich für Letzteres, musst du ein paar Fragen beantworten. Basierend auf diesen Angaben schlägt dir Preply geeignete Lehrkräfte vor.

Du kannst natürlich selbst auf die Suche gehen und eine passende Lehrkraft suchen. Zu den beliebtesten Filtern gehören:

> Unterricht durch einen Muttersprachler

> Herkunft der Lehrkraft (beispielsweise Spanischunterricht durch einen Spanier oder einen Argentinier)

> Welche Art von Sprache soll gelernt werden (Allgemein, Wirtschaft, Reise und Tourismus, Alltagsleben, zum Vergnügen)

> Einschätzung der Vorkenntnisse

> Budget (wie viel Euro du für eine Unterrichtsstunde bezahlen willst)

> Wann ist Zeit für den Unterricht? (Tageszeit, Wochentage)

Nachdem du all diese Angaben gemacht hast, werden dir die verfügbaren Lehrkräfte angezeigt. Im Profil siehst du ein Foto der Person und eine kurze Beschreibung ihrer Fähigkeiten und Erfahrungen als Lehrkraft. Nicht zu übersehen ist der Preis pro Unterrichtsstunde sowie die Dauer einer Unterrichtseinheit. Die liegt in der Regel zwischen 45 und 60 Minuten. Du kannst auch sehen, wie viele Schüler bereits unterrichtet wurden. Erfahrene Lehrkräfte haben meistens mehrere Bewertungen von ihren Schülern, die du nachlesen kannst. Wichtig ist auch, welche Sprachen, außer der Muttersprache, die Lehrkraft noch spricht. Wenn du zum Beispiel Französisch lernen willst und keine Vorkenntnisse hast, aber ein wenig Englisch sprichst, eignet sich ein Lehrer am besten, der außer seiner Muttersprache Französisch, Deutsch oder zumindest Englisch spricht.

Auf der rechten Seite des Profils wird der Zeitplan dargestellt. Dort siehst du, zu welchen Tageszeiten und Wochentagen die Lehrkraft gebucht werden kann. Viele Muttersprachler unterrichten von zu Hause aus. Möchtest du amerikanisches Englisch lernen, spielt der Zeitunterschied zwischen den USA und Deutschland eine wichtige Rolle. Je nach Lage kann die Ortszeit in den USA 6 Stunden hinter der von Deutschland liegen. Das bedeutet, wenn es hier zeitiger Vormittag ist, schlafen die Amerikaner tief und fest, da es mitten in der Nacht ist. Daher sind auf dem Zeitplan nicht alle Tageszeiten verfügbar. Die Zeitangaben in der Tabelle beziehen sich aber immer auf MEZ, die Zeitzone, in der Deutschland liegt.

Der Unterricht

Auf Preply unterrichten die Lehrer ihre Schüler per Fernunterricht (E-Learning, Videochat). Damit das Ganze funktioniert, muss dein Computer mit Kamera und Mikrofon ausgestattet sein und du benötigst eine schnelle Internetverbindung von mindestens 20 Mbit/s.

> *Sorge für ausreichende Beleuchtung, damit der Lehrer dich gut sehen kann.*

Die Probestunde

Zu Beginn vereinbarst du mit dem Lehrer deiner Wahl eine Probestunde. Die Probestunde dient dem gegenseitigen Kennenlernen und nützt beiden Seiten. Du lernst den Lehrer (oder die Lehrerin) kennen und kannst einschätzen, ob dir Unterrichtsstil und Charakter gefallen. Der Lehrer nutzt die Probestunde, um dich zu fragen, was deine Lernziele sind und welche Vorkenntnisse du besitzt. Dadurch kann er einschätzen, wie viele Stunden du benötigst, um dein Lernziel zu erreichen. Preply schätzt zwar auch den Lernbedarf ein, diese Angabe beruht aber auf sehr allgemeinen Daten und ist nur wenig aussagekräftig. Im Verlauf der Probestunde erstellst du gemeinsam mit dem Lehrer deinen Stundenplan. Dabei hast du völlig freie Hand und kannst festlegen, ob du beispielsweise einmal in der Woche 2 Stunden nimmst oder zweimal wöchentlich 2 Stunden bzw. andere Arrangements. Wie lange die Unterrichtsstunde dauert, wird dir im Profil der Lehrkraft angezeigt. Die Probestunde ist nicht kostenlos. Sie kostet den Preis, den die Lehrkraft pro Unterrichtseinheit verlangt. Solltest du den Lehrer nicht buchen wollen, erstattet dir Preply das Geld. Entscheidest du dich dafür, den Lehrer zu buchen, überweist du das Geld für die vereinbarte Zahl der Unterrichtsstunden.

Der Unterricht (Einzelunterricht)

Du wirst rechtzeitig vor Beginn per E-Mail an den Unterricht erinnert. Bis zu 4 Stunden vor Unterrichtsbeginn haben Lehrer und Schüler die Möglichkeit, die Stunde abzusagen oder zu verschieben. Sollte keine Möglichkeit bestehen, die ausgefallenen Stunden in absehbarer Zeit nachzuholen, kannst du bei Preply eine Rückerstattung beantragen. Dafür müssen jedoch triftige Gründe vorliegen, die du unter Umständen auch nachweisen musst (Krankheit, Unfall, familiäre Probleme).

Vor Beginn des Unterrichts musst du Preply den Zugriff auf Webcam und Mikrofon deines Computers gestatten. Du benötigst keine spezielle Software wie Zoom, Google Meet oder Skype, da Preply seine eigene Software verwendet, die mit jedem modernen Betriebssystem kompatibel ist. Wie genau der Unterricht abläuft, hängt von deinen Lernzielen und der Lehrkraft ab. Du kannst dich zum Beispiel auf die Aussprache konzentrieren oder verstärkt Grammatik üben. Bei Bedarf kann das Display geteilt werden, sodass du auch Schreibübungen durchführen und der Lehrer das Ergebnis bewerten kann. In der Regel bekommst du eine Zusammenfassung der Unterrichtsstunde per E-Mail. Wie es in der Schule üblich ist, bekommst du auch Hausaufgaben, die als Aufgaben für das Selbststudium bezeichnet werden.

Der Gruppenunterricht

Der technische Ablauf ist derselbe wie beim Einzelunterricht. Die Lerngruppen bestehen aus 3 bis 6 Schülern. Beim Gruppenunterricht ist es etwas schwieriger, Termine zu vereinbaren, da die Ansprüche mehrerer Personen unter einen Hut gebracht werden müssen. Dadurch ist es möglich, dass zwischen 2 Unterrichtsstunden ein längerer Zeitraum liegen kann oder dass der Unterricht nur einmal pro Woche stattfindet. Während des Unterrichts hat der Lehrer nicht so viel Zeit für die einzelnen Schüler, da er sich ja um die Gruppe kümmern muss. Du wirst im Gruppenunterricht öfter selbstständig arbeiten als im Einzelunterricht. Dafür ist der Gruppenunterricht günstiger.

Bei beiden Unterrichtsformen, Einzel- und Gruppenunterricht, haben die Schüler die Möglichkeit, den Lehrer zu bewerten. Sie können nicht nur Sterne vergeben (5 Sterne sind die beste Bewertung), sondern auch Bewertungstexte verfassen. Die sind für die Lehrkraft wichtig, weil davon ihr Verdienst abhängt. Deshalb sollten die Bewertungen objektiv verfasst sein und der Wahrheit entsprechen.

Was kostet Preply?

Die Anmeldung auf der Plattform ist kostenlos. Die Kosten für einen Sprachkurs auf Preply hängen davon ab, wie viel eine Unterrichtsstunde kostet. Der Preis schwankt zwischen 2 und 35 Euro. Je besser qualifiziert ein Lehrer ist, umso größer seine Erfahrungen sind und je mehr positive Bewertungen er oder sie hat, desto mehr kostet die Unterrichtsstunde. Die Gesamtkosten hängen natürlich auch davon ab, wie viele Unterrichtsstunden du benötigst, um dein Lernziel zu erreichen. Wenn du dich auch außerhalb der Unterrichtsstunden intensiv mit dem Lernmaterial beschäftigst, lernst du schneller und benötigst weniger Stunden. In solchen Fällen kannst du mit etwas Glück einen Teil der Kosten zurückerstattet bekommen. Allerdings ist auch der umgekehrte Fall möglich. Du lernst langsam als abgeschätzt und musst zusätzliche Stunden buchen, um das Lernziel zu erreichen.

Lehrkraft auf Preply werden

Das ist eine interessante Möglichkeit, um Geld von Zuhause aus zu verdienen. Preply sucht ständig Lehrer in mehr als 100 Fachrichtungen. Dazu gehören nicht nur Sprachlehrer, sondern auch Lehrkräfte, die Naturwissenschaften oder künstlerische Fächer unterrichten. Im Prinzip kann jeder eine Lehrkraft bei Preply werden, nicht nur ausgebildete Pädagogen oder Erzieher. Auch Quereinsteiger sind willkommen. Du musst dich lediglich in deiner Muttersprache gut ausdrücken können und solltest Freude daran haben, dein Wissen an andere weiterzugeben.

Die Registrierung als Lehrkraft ist kostenlos. Du erstellst dein Profil zusammen mit einem kurzen Vorstellungsvideo (1 - 2 Minuten). Den Preis pro Unterrichtsstunde bestimmst du. Er kann jederzeit verändert werden. Preply verlangt pro Stunde eine Provision. Die Kosten der Probestunde gehen zu 100 % an Preply. Anfangs, wenn du noch wenige Schüler und kaum Erfahrung besitzt, beträgt die Provision 33 %. Mit wachsender Erfahrung und steigender Schülerzahl sinkt sie auf 18 %. Laut Angaben des Anbieters können erfahrene Lehrkräfte mit vielen Schülern fast 500 € pro Woche verdienen.

Preply unterstützt seine Lehrkräfte mit kostenlosen Webinaren und zahlreichen Tipps und Ratschlägen des Supportteams. Der Service ist in mehreren Sprachen verfügbar.

Als Online-Lehrer auf Preply zu arbeiten, ist keine schlechte Idee, da du bei freier Zeiteinteilung von zu Hause aus arbeiten kannst. Dadurch lassen sich zum Beispiel Familie und Arbeit gut in Einklang bringen oder ein Studium oder eine Ausbildung finanzieren.

Die Vorteile von Preply

Du kannst lernen, wann immer du Zeit hast, ob daheim oder unterwegs. Die Kurse sind genau auf deine Bedürfnisse zugeschnitten. Für das Lernen von gängigen Sprachen wie Englisch oder Spanisch steht dir eine Auswahl von tausenden Lehrkräften zur Verfügung. Der Unterricht erfolgt durch Muttersprachler. Du kannst sogar auswählen, aus welchem Land der Sprachlehrer kommen soll, um die lokale Variante der Sprache zu lernen. Wenn du zum Beispiel nach Mexiko auswandern möchtest, ist es sinnvoll, einen Mexikaner als Lehrer zu suchen, da sich mexikanisches Spanisch von europäischem Spanisch oder südamerikanischen Spanisch unterscheidet.

Mit etwas Glück findest du sogar einen Lehrer, der einen bestimmten beruflichen Hintergrund hat und beispielsweise Anwalt, Informatiker oder Techniker ist. Er oder sie kann dir Fachbegriffe beibringen, die ein durchschnittlicher Sprachlehrer nicht kennt. Preply ist sehr vielseitig und bietet viel mehr als nur Sprachunterricht an.

> *Preply bietet dir individuellen Sprachunterricht an, der exakt auf deine Bedürfnisse und dein Budget zugeschnitten ist.*

Die Nachteile von Preply

Zur Nutzung einer Plattform für E-Learning wie Preply benötigst du schnelles Internet. Das sollte eigentlich in einem hoch entwickelten Land wie Deutschland selbstverständlich sein, ist es aber nicht. Auf dem Land werden viele Regionen noch nicht mit schnellem Internet versorgt. Der Zugang über das mobile Internet kann zusätzliche Kosten verursachen, da die meisten Tarife ein begrenztes Datenvolumen haben. Bei Anwendungen wie Preply ist der Datenverbrauch sehr hoch. Wenn das Datenvolumen deines Tarifs aufgebraucht ist, musst du für viel Geld GB nachbuchen oder der Mobilfunkanbieter drosselt die Geschwindigkeit so stark, dass Preply nicht mehr funktioniert. Das sind zwar keine direkten Nachteile von Preply, trotzdem solltest du diesen Dingen Beachtung schenken.

Darum können die meisten Schüler Preply nur zu Hause oder an einem Ort mit WLAN nutzen, weil es dort keine Volumenbegrenzung gibt. Ein anderer Nachteil ist die Bindung an den Zeitplan. Kommt etwas Unerwartetes dazwischen und du kannst die Stunde nicht mehr rechtzeitig absagen, verfällt sie. Noch schlimmer ist es, wenn du oder die Lehrkraft plötzlich für längere Zeit erkranken oder aus einem anderen wichtigen Grund verhindert sind. Solltest du verhindert sein, kannst du eine Rückerstattung der Kosten beantragen. Wenn die Lehrkraft verhindert ist, kannst du dir eine andere suchen und das Guthaben übertragen. In der Theorie hört sich das wunderbar an. In der Praxis klagen viele Nutzer jedoch über Probleme. Anscheinend tut sich Preply gelegentlich mit Rückerstattungen schwer.

Ein grundsätzlicher Mangel von Preply besteht darin, dass du kein Sprachzertifikat erhältst. Solltest du für deinen Beruf oder eine Bewerbung ein Sprachzertifikat benötigen, ist Preply nicht der richtige Anbieter für dich.

Für wen eignet sich Preply?

Die E-Learning-Plattform ist eine gute Wahl für Nutzer, die bereits Vorkenntnisse haben und diese vertiefen wollen. Sie ist auch für angehende Auswanderer interessant, weil sie sich auf Preply im Einzelunterricht durch Muttersprachler auf den Alltag in ihrer zukünftigen Heimat vorbereiten können. Wählen sie Menschen als Sprachlehrer, die im zukünftigen Gastland leben, erhalten sie nicht nur Sprachunterricht, sondern lernen gleichzeitig interessante Fakten über die Kultur und den Alltag des Landes.

Viele der Lernenden auf Preply sind Schüler. Sie nutzen die Plattform für Nachhilfeunterricht. Ihnen kommt zugute, dass sie Preply bequem von zu Hause aus nutzen können und das viele Unterrichtsfächer angeboten werden, nicht nur Fremdsprachen. Preply gehört zu den Firmen, die von der Corona-Pandemie profitierten. Während der Zeit des allgemeinen Lockdowns und der Schulschließungen wuchs die Zahl der Mitglieder explosionsartig.

Zumindest in Deutschland kristallisiert sich eine andere Gruppe heraus, bei denen Preply sehr populär ist. Es handelt sich um Ausländer, die in Deutschland leben und Deutschunterricht buchen, um ihre Sprachkenntnisse zu vertiefen und ihre Karriere voranzutreiben. Dafür ist Preply so gut geeignet wie kaum ein anderes Angebot zum Sprachenlernen, da sie mit etwas Glück einen Sprachlehrer finden, der einen ähnlichen beruflichen Hintergrund hat wie der Schüler. Dadurch kann der Schüler Fachbegriffe lernen, die in einem gewöhnlichen Sprachkurs nicht gelehrt werden, da sie nicht allgemein gebräuchlich sind.

KAPITEL 9

WIE KANNST DU DEIN LERNTEMPO ERHÖHEN?

In den vorhergehenden Abschnitten haben wir dir die Vera Birkenbihl Methode zum Erlernen von Sprachen und verschiedene Sprachlernprogramme vorgestellt. Alle diese Optionen haben ihre Vor- und Nachteile. Unabhängig von der Lernmethode oder dem Programm gibt es viele Dinge, die du selbst tun kannst, um schneller zu lernen. Die Methoden, um die es in diesem Abschnitt geht, eignen sich nicht nur dazu, um Sprachen schneller zu lernen, sondern lassen sich auch auf andere Fächer anwenden. Sie können dir beispielsweise beim Studium oder bei der beruflichen Weiterbildung nützlich sein.

Kurze Lektionen sind besser als lange

Das Einprägen von neuen Wörtern oder unbekannten Grammatikregeln erfordert höchste Konzentration. Das Gehirn muss Schwerstarbeit leisten und hält das naturgemäß nicht lange durch. Achte deshalb darauf, beim Lernen rechtzeitig eine Pause einzulegen, bevor die Konzentration nachlässt. In der Praxis hat sich eine kurze Pause nach 10 - 15 Minuten konzentrierter Arbeit bewährt. Gute Lehrer lockern ihren Unterricht in regelmäßigen Abständen durch Späße oder Smalltalk auf. Die Pause darf aber nicht zu lang sein. Du kannst beispielsweise aufstehen und ein wenig herumlaufen, zum Fenster gehen und in die Ferne schauen oder zum Briefkasten, um die Post zu holen.

Vermeide Monotonie

Dauert eine Arbeit zu lange und ist zudem eintönig, schaltet das Gehirn in den "Energiesparmodus". Es reduziert seine Aufnahmefähigkeit, um Überlastung zu vermeiden. Wenn du stundenlang Texte liest und hoffst, dir dadurch Begriffe einprägen zu können, ist dein Hoffen meist vergeblich. Es bleibt kaum etwas hängen. Versuche, das Lernen aufzulockern, indem du mehrere Medien nutzt. Ergänze einen langweiligen Lehrbuchtext mit einem Podcast oder Erklärvideo, das sich mit demselben Thema beschäftigt. Du wirst schnell merken, dass du besser und schneller lernst.

Schreibe wichtige Dinge auf

Wenn dir der Sprachlehrer etwas erklärt, nimm dir die Zeit, um Notizen zu machen. Verlasse dich nicht darauf, dass du dir die Bedeutung der neuen Vokabel merken wirst. Meistens wirst du sie vergessen. Gut, wenn du Notizen hast, in denen du nachschlagen kannst. Das Aufschreiben hat zudem weitere positive Effekte. Zunächst einmal übst du damit das Schreiben. Korrektes Schreiben gehört zur Beherrschung einer Sprache dazu. Außerdem musst du dich beim Schreiben konzentrieren. Dadurch prägst du dir den Lernstoff viel besser ein.

Lass dich nicht ablenken!

Konzentriere dich auf das Lernen und beschäftige dich nicht nebenbei mit anderen Dingen. Du wirst nicht gut lernen, wenn du dich nebenbei mit anderen unterhältst, ständig auf das Smartphone guckst oder der Fernseher läuft. Die Ablenkungen hindern dich daran, dich zu konzentrieren. Sorge dafür, dass du nach Möglichkeit ungestört bist. Wenn du daheim nicht genügend Ruhe zum Lernen hast, such dir einen geeigneten Ort. Wenn das Wetter gut ist, gehen manche Leute zum Lernen in einen Park oder in ein ruhiges Café. Dort gibt es häufig sogar kostenloses WLAN, sodass du dein Datenvolumen schonst. Benutze gute Kopfhörer mit aktiver Geräuschunterdrückung. Die weichen Muscheln der Kopfhörer umschließen die Ohren komplett. Winzige Lautsprecher erzeugen Töne, die Umgebungsgeräusche durch Interferenz neutralisieren. Dadurch kannst du auch in einer lauten Umgebung ungestört lernen.

Integriere das Lernen in deinen Tagesablauf

Das ist besonders wichtig, wenn du allein lernst und keinen Kurs in einer Bildungseinrichtung besuchst. Willst du Erfolg haben, musst du regelmäßig lernen. Versuche, eine bestimmte Zeit zu finden, während der du dich dem Lernen widmen kannst. Du musst dich nicht jeden Tag ein paar Stunden lang hinsetzen. Schon 15 bis 30 Minuten reichen aus, solange du täglich lernst. Viele Schüler halten sich nicht an diese Regel. Zu Beginn eines Kurses lernen sie intensiv und machen rasche Fortschritte. Dann lässt die Motivation nach und sie lernen immer weniger. Kurz vor einer Prüfung versuchen sie dann, das Versäumte durch intensives Büffeln nachzuholen. Das erzeugt jede Menge Stress und das Gelernte bleibt nicht im Gedächtnis haften.

Wartezeiten zum Lernen nutzen

Im Tagesablauf gibt es öfter Leerlauf. Das sind Perioden, in denen du nichts machen kannst außer Warten. Typische Beispiele für solchen Leerlauf sind unter anderem die Zeit, die du täglich beim Pendeln in öffentlichen Verkehrsmitteln auf dem Weg zur und von der Arbeit verbringst oder der lange Aufenthalt im Wartezimmer eines Arztes. Dank der modernen Technik und des Internets lässt sich diese Zeit sinnvoll zum Lernen nutzen. E-Learning wird noch gefördert, weil an solchen Orten häufig kostenloses WLAN angeboten wird.

Nutze dein Vorwissen

Die meisten Menschen wissen viel mehr als sie es selbst für möglich halten. In der heutigen Zeit sind die meisten einer Flut von Informationen ausgesetzt. Zwar wird fast alles vergessen, einiges bleibt aber doch hängen. In der Regel wirst du selten überhaupt nichts zu einem bestimmten Thema wissen. Frische dein Gedächtnis auf, indem du dich vor der Lektion mit dem Thema beschäftigt. Soll es zum Beispiel um das Thema Medizin gehen, rufe dir in Erinnerung, was dir dazu einfällt. Beim Englischlernen hilft es sehr, dass in der Alltagssprache immer mehr Anglizismen auftauchen. Lernst du Spanisch und kannst auch etwas Englisch, wirst du schnell feststellen, dass viele englische Wörter auf Spanisch ähnlich klingen. Das hilft enorm beim Lernen. Der Grund dafür ist übrigens der hohe Anteil an Lehnwörtern aus romanischen Sprachen in der modernen englischen Sprache.

Das Gelernte anwenden

Wenn du eine Sprache gut sprechen willst, genügt es nicht, sie jeden Tag für ein paar Minuten daheim zu üben oder einmal pro Woche einen Kurs zu besuchen. Versuche, das Gelernte so zeitig wie möglich anzuwenden. Dafür gibt es viele Möglichkeiten. Zu den besten gehört ein Tandempartner. Wenn du beispielsweise Englisch lernst, warum nicht auf Facebook, Twitter oder Instagram jemanden suchen, der dir sympathisch ist und mit ihm oder ihr chatten? Du wirst ganz von selbst viele neue Begriffe und Redewendungen lernen, die du im Sprachkurs niemals gelernt hättest. Vielleicht ergibt sich auch auf der Arbeit die Gelegenheit, mit einem ausländischen Kollegen zu üben oder du siehst dir einen spannenden Film in der fremden Sprache an. Fremdsprachige Filme findest du auf YouTube oder im Angebot von Streaming Diensten. Bei vielen DVDs lässt sich die Wiedergabesprache ändern. In vielen Orten finden Kulturfestivals statt. Sie stellen eine ausgezeichnete Gelegenheit dar, um Muttersprachler zu treffen und Kontakte zu knüpfen.

Unterrichte das Gelernte

Zu den besten Methoden, wie du dir den Lehrstoff besser merken kannst, gehört die Methode, das Gelernte anderen Menschen beizubringen. Damit ist nicht gemeint, dass du anfangen sollst, selbst Sprachunterricht zu geben, sondern dass du den Menschen in deiner Umgebung erklärst, was du gelernt hast. Berichte deinem Ehepartner, dem besten Freund, der besten Freundin oder einem Arbeitskollegen von deinen Lernerfolgen und fasse das Gelernte kurz zusammen. Indem du das Gelernte wiederholst, prägst du es fest in dein Gedächtnis ein. Gleichzeitig merkst du mit dieser Methode, wo du noch Schwierigkeiten hast oder unsicher bist.

Beschäftige dich vor dem Einschlafen mit dem Lernstoff

Dass man eine Fremdsprache im Schlaf lernen kann, ist eine Legende. Ebenso wenig nützt es, das Lehrbuch unter das Kopfkissen zu legen. Keine Legende, sondern Tatsache ist aber, dass sich das Gehirn im Schlaf mit den Dingen beschäftigt, die während des Tages passiert sind. An erster Stellen stehen naturgemäß dabei die Dinge, die kurz vor dem Einschlafen passiert sind. Daher ist es eine gute Idee, wenn du kurz vor dem Einschlafen den Lernstoff noch einmal überfliegst und ein Resümee ziehst. Das hilft deinem Gehirn, die Informationen besser abzuspeichern und sie bei Bedarf wieder zur Verfügung zu stellen.

SCHLUSSWORT

Die hier vorgestellten Lernmethoden und Sprachkurse stellen nur einen kleinen Teil des auf dem Markt verfügbaren Angebots dar. Während die Rolle des klassischen Fremdsprachenunterrichts, wie er in der Schule oder in der Volkshochschule angeboten wird, immer mehr zurückgeht, wächst die Bedeutung von interaktiven und Online-Sprachkursen immer mehr. Das liegt daran, dass sich das mobile Internet immer mehr verbreitet. Hier in Deutschland besitzt mittlerweile fast jeder ein Smartphone. Die Entwicklung wurde durch die Corona-Pandemie noch gefördert, als Millionen von Menschen plötzlich zu Hause saßen und nicht wussten, was sie mit ihrer freien Zeit anfangen sollten. Kein Wunder, dass während dieser Zeit Anbieter wie Babbel und Preply einen Boom erlebten.

Für welchen Kurs oder welchen Anbieter du dich entscheidest, hängt von deinen persönlichen Anforderungen und deinem Geschmack ab. Du musst aber bedenken, dass alle Angebote sowohl Vor- als auch Nachteile haben. Den idealen Sprachkurs oder die ideale Lernmethode für alle Schüler gibt es nicht. In der Praxis hat es sich gezeigt, dass es meistens am besten ist, verschiedene Angebote miteinander zu kombinieren. Wenn du eine Fremdsprache wirklich gut beherrschen willst, darfst du auch nicht vergessen, eigenständig zu lernen und das Gelernte so zeitig wie möglich in der Praxis anzuwenden. Einmal pro Woche zum Abendkurs zu gehen oder jeden Tag 10 Minuten am Smartphone zu üben, reichen nicht aus.

Eine Fremdsprache zu lernen, ist ein langwieriger und mühsamer Prozess. Du musst Geduld haben und die Anforderungen, die du an dich selbst stellst, nicht zu hochzusetzen. Halte deine Motivation aufrecht, dann schaffst du es. Der Tag wird kommen, an dem du dich in der Fremdsprache fließend unterhalten wirst. Dieser Erfolg fühlt sich wie eine Befreiung an und öffnet dir das Tor in ein neues, interessantes Leben.

Impressum:

Autor: Rudolf Grafe

Auflage 2022 Copyright © Alle Rechte vorbehalten.

Unerlaubte Vervielfältigung, Verbreitung, Speicherung oder sonstige Bearbeitung ist ohne die ausdrückliche Genehmigung des Urhebers verboten.

ISBN(Paperback): 979-8-3625-7909-8

RUGRA Marketing LLC
3564 Avalon Park E Blvd Ste 1
Unit #A818, 32828 Orlando info@rudolfgrafe.com

Links aus dem Buch und Links die dich auch interessieren könnten:

https://rudolfgrafe.com/links

Durch das Scannen von diesem QR-code wirst du automatisch auf die Webseite